物业

保洁服务与绿化管理

吴 杰 主 编
林 琅 主 审

全国房地产业深圳培训中心
太原市物业管理协会　组织编写
仁和物业培训中心

U0314364

化学工业出版社

·北京·

内容简介

《物业保洁服务与绿化管理》一书分为两大部分：第一部分物业保洁服务，内容涵盖物业保洁人员配备、保洁服务管理、物业保洁常用设备与用品、物业日常清洁作业、物业垃圾清运作业、物业虫害防治与消杀作业、物业保洁安全防范；第二部分物业绿化养护服务，内容涵盖物业绿化基本要求、物业绿化工作基础、物业绿化常用设备与工具、草坪养护与管理、树木养护与管理、花卉养护与管理。

本书内容丰富，着重突出可操作性和实践性，是一本实用的物业指导手册和培训用书。同时，本书采用文字图表化的表达方式，降低了阅读难度，提高了阅读效率，方便读者快速理解和掌握关键知识。

本书既可作为物业企业内训手册，帮助员工提升专业素养；也可作为职业院校的参考用书，为学生提供实践性的学习材料；还可作为学员或员工自学读本和行业协会的推荐用书，为整个物业管理与服务行业提供有价值的指导。

图书在版编目（CIP）数据

物业保洁服务与绿化管理 / 吴杰主编 ；全国房地产业深圳培训中心，太原市物业管理协会，仁和物业培训中心组织编写. -- 北京 ： 化学工业出版社，2025. 1.

（物业管理培训指南）. -- ISBN 978-7-122-46635-8

Ⅰ. F293.33-62；S731.5-62

中国国家版本馆 CIP 数据核字第 2024MT2410 号

责任编辑：陈　蕾　　　　　　　　装帧设计：溢思视觉设计／程超
E-mail: isstudio@126.com

责任校对：王鹏飞

出版发行：化学工业出版社（北京市东城区青年湖南街 13 号　邮政编码 100011）

印　　装：三河市双峰印刷装订有限公司

710mm×1000mm　1/16　印张 $14\frac{1}{4}$　字数 216 千字

2025 年 1 月北京第 1 版第 1 次印刷

购书咨询：010-64518888　　　　　　售后服务：010-64518899

网　　址：http://www.cip.com.cn

凡购买本书，如有缺损质量问题，本社销售中心负责调换。

定　　价：58.00 元　　　　　　　　　　　　**版权所有　违者必究**

前言

Preface

在当今社会，随着城市化进程的加速和居民生活水平的提高，物业管理的重要性日益凸显。作为物业管理的重要组成部分，物业保洁服务与绿化管理不仅直接关系业主的生活质量，也深刻影响着物业公司的整体形象和运营效率。因此，加强物业保洁服务与绿化管理，对于提升物业管理水平、保障业主生活环境具有至关重要的意义。

与此同时，物业服务行业对人才的需求标准也在不断提高。面对复杂多变的物业管理环境，物业管理人才的专业化程度应进一步提升，不仅要掌握基础的物业管理知识和技能，还需深入了解物业智能设备、物业管理系统等先进技术；此外，物业管理人才还需要具备较高的应变能力，能够快速并有效地应对各种突发情况。

物业服务的基础岗位，如客服、安保、保洁、设备维修等，对人员技术能力和综合素质的要求也日益严格。为了在这些岗位上生存与发展，物业从业者必须不断学习，提升自己的业务知识及专业技能，形成持久的竞争优势。

为此，《物业保洁服务与绿化管理》一书应运而生，以期为物业从业者提供一个宝贵的学习和自我提升平台，将物业从业者培养成各自岗位的"专家"，并帮助他们积累知识、增长才干，不断提升工作效率和业绩，从而获得晋升的机会。

本书涵盖了物业保洁服务，包括物业保洁人员配备、保洁服务管理、物业保洁常用设备与用品、物业日常清洁作业、物业垃圾清运作业、物业虫害防治与消杀作业、物业保洁安全防范；物业绿化养护服务，包括物业绿化基本要求、物业绿化工作基础、物业绿化常用设备与工具、草坪养护与管理、树木养护与管理、花卉养护与管理等多个方面内容，突出操作性和实践性，是一本非常实用的物业指导手册和培训用书。同时，本书将文字图表化，降低了阅读难度，提高了阅读效率，读者可快速理解和掌握关键知识点。

本书既可作为物业机构的内训手册，帮助员工提升专业技能；也可作为职业院校的参考用书，为学生提供实践性的指导材料。

参与本书编写、为本书提供资料的人员还有仁和物业的常春、郭伟、龙小虹等，在此一并表示感谢。

由于编者水平有限，书中难免存在疏漏，敬请读者批评指正。

编　者

目录

Contents

第一部分　物业保洁服务

第一章

002

物业保洁人员配备

第四章

053

物业日常清洁作业

第五章

074

物业垃圾清运作业

第六章

083

物业虫害防治与消杀作业

第七章
094

物业保洁安全防范

第二部分 物业绿化养护服务

第八章 物业绿化基本要求
110

第九章 物业绿化工作基础
116

第十章
131

物业绿化常用设备与工具

第十一章
147

草坪养护与管理

第十三章
200

花卉养护与管理

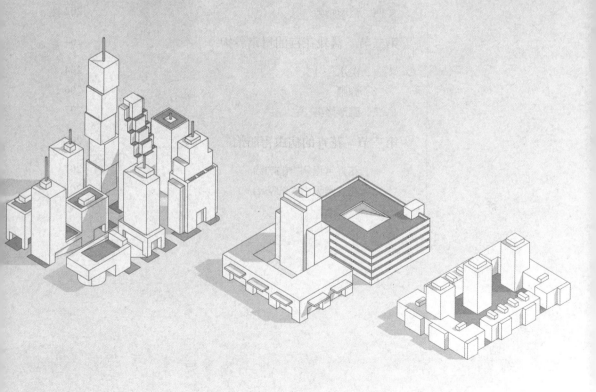

第一部分
Chapter one

物业保洁服务

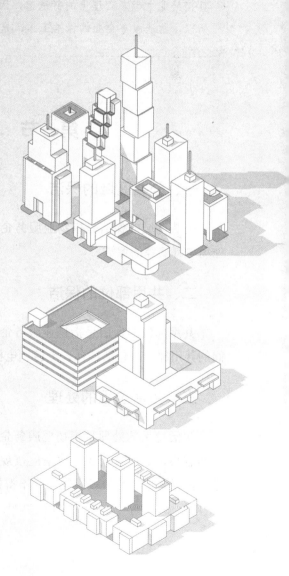

第一章　物业保洁人员配备

>>>>> 培训指引

　　物业管理区域的整洁及有序，是一个十分重要的物业服务评价指标。它会直接给业主带来心理上的舒适感，因而成为物业服务企业服务水平的重要标志。所以，物业服务企业的保洁工作，是物业区域环境的重要保证。

第一节　保洁工作范围

一、公共区域的保洁

　　公共区域的保洁是指物业服务企业对物业区域内公共场地、公共环境、物业外场与幕墙等的保洁。

二、共用部位的保洁

　　共用部位的保洁是指物业服务企业对物业区域内楼宇地层到顶层屋面上下空间的共用部位，包括楼梯、走道、电梯间、大厅、平台等的保洁。

三、生活垃圾的处理

　　生活垃圾的处理是指物业服务企业对业主日常生活垃圾（包括装修垃圾）的分类收集、处理和清运。业主应按规定的地点、时间和要求，将日常垃圾倒入专用容器或者指定的垃圾收集点，不得擅自乱倒。

第二节　保洁部的建立

物业保洁部的建立是确保物业管理区域清洁和卫生，为业主提供一个舒适、整洁环境的前提。

一、建立保洁部的步骤

图 1-1 是建立物业保洁部的基本步骤。

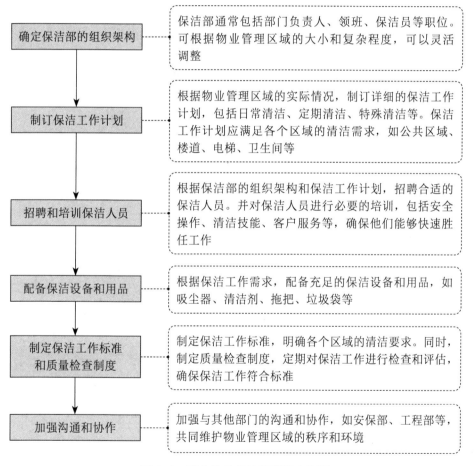

图 1-1　建立物业保洁部的基本步骤

通过以上步骤，可以建立起一个高效的物业保洁部，为业主提供优质的清洁服务。需要注意的是，物业保洁部的建立应与物业服务企业的整体战略和目标保持一致。

二、保洁部的组织机构

保洁部的组织机构通常包括以下几个层级。

（1）保洁部经理：作为保洁部的负责人，负责保洁部的整体运营和管理。

（2）领班/主管：协助保洁部经理进行日常管理和工作分配，负责监督保洁员的工作。

（3）保洁员：负责具体的清洁工作，如打扫楼道、清洁卫生间、擦拭窗户等。

物业服务企业可以将保洁部经理置于最上层，领班/主管置于下一层，保洁员置于最底层，然后将每个层级之间用直线连接起来，表示上下级关系。此外，还可以根据实际需要，在组织机构中添加其他职位或部门，如保洁培训、保洁设备管理等。

图1-2为某物业项目管理处保洁部的组织架构图。

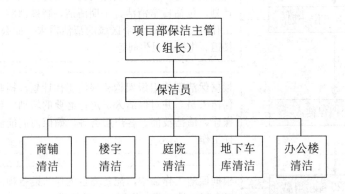

图1-2　某物业项目管理处保洁部组织架构图

三、保洁部各岗位工作职责

为确保保洁部各岗位人员尽职尽责、相互协作，共同完成保洁任务，物业服务企业应对保洁部各岗位的职责予以明确。以下为某物业公司项目管理处保洁部各岗位的工作职责，仅供参考。

1. 保洁部工作职责

（1）严格执行公司规章制度，贯彻落实公司各项指导文件。

（2）制订项目工作计划，配合各个部门开展服务工作。

（3）接受公司监督，开展部门各项工作，并对不符合项进行整改。

（4）通过对保洁服务工作进行监督、考核，保证物业区域环境良好。

（5）通过对绿化服务工作进行监督和考核，保证绿化合格率达标，并建立绿化项目档案。

（6）依据工作计划开展消杀工作。

（7）物品领用应严格执行物品领用规程。

（8）合理使用保洁用具、器具。

（9）工作中发现可疑人员、公共设施设备损坏等情况，及时反馈到客服中心。

2. 保洁主管（组长）岗位职责

（1）制订管理区域的清洁工作计划，并监督落实。

（2）制订管理区域的消杀工作计划，并监督落实。

（3）制订管理区域的绿化养护工作计划，并监督落实。

（4）制订部门培训计划，并监督落实。

（5）检查管理区域绿化养护、清洁服务等工作情况，保持环境整洁、空气清新。

（6）检查工具使用和设备保养情况，督促员工爱护工具和设备。

（7）监督部门员工上岗情况，及时调整人员补位，保证人休岗不休，实现管理区域环境持续整洁、干净。

3. 楼宇保洁员岗位职责

（1）负责大堂与大厅玻璃、地面、信报箱、暖气片、公告栏、灭火器、宣传画、门禁、果皮箱、垃圾箱、墙面等部位的清洁工作。

（2）负责对楼层地面、门框、窗台、消火栓箱、报警器、消防排风口的清洁工作。

（3）负责对楼梯配电箱、开关、扶手、标识牌、电梯门、电梯轿厢、电梯沟槽等公共部位的清洁工作。

（4）保持步梯间地面、扶手干净、整洁。

（5）保持楼内护栏、玻璃窗、地角线、拦水线等部位干净、整洁。

（6）负责对楼内 2 米以下公共管道、设施管道进行清洁。

（7）负责楼内公共部位灯罩的清洁工作。

（8）定期对楼内进行消杀。

（9）每次使用完保洁工具、器具后，清洗干净，统一存放于指定地点。保洁用品不足时，及时补充或申领。

4. 庭院保洁员岗位职责

（1）负责责任区域地面、道路、广场、绿化带等公共场所、公共部位的清洁。

（2）负责对草坪内杂物进行清理，保持草坪干净、整洁。

（3）负责对公共设施、健身设施进行清洁，发现设施有损坏情况，应及时报告保洁主管，并反馈到客服中心。

（4）负责喷泉设施的清洁工作，保持喷泉设施干净、整洁。

（5）负责二次收集、清运生活垃圾，保证垃圾桶内垃圾不超过 2/3，保证垃圾桶桶盖处于常盖状态。

（6）负责对围（护）栏、路灯柱、园区小品等进行全面清洗。

（7）负责园区外围各类标识的清洁。

（8）负责园区外围垃圾箱、果皮箱、井道、沟渠的清洗。

（9）将保洁工具、器具清洗干净，统一存放于指定地点，并及时补充、申领。

（10）维护责任区域卫生，劝阻、制止不卫生、不文明行为。

5. 地库保洁员岗位职责

（1）保持责任区域车板、地面干净、整洁。

（2）保持地库内 2 米以下管道、标识牌、墙面、消火栓箱、开关、扶手等公共部位干净。

（3）保持地库顶灯干净，依照保洁工作计划进行清洁。

（4）保持各类管道、设备设施、垃圾桶干净、整洁。

（5）定期对地库垃圾桶、刷卡面板、排水渠进行消杀。

（6）使用后将保洁工具、器具清洗干净，统一存放于指定地点，并及时补充、申领。

（7）维护责任区域卫生，劝阻、制止不卫生、不文明行为。

6. 商铺保洁员岗位职责

（1）负责责任区域地面、扶手、护栏、墙面广告、绿化带等部位的清洁工作。

（2）负责对责任区域内垃圾进行收集、处理，垃圾桶内垃圾不得超过 2/3。

（3）定期对垃圾桶以及商铺地面、下水道等部位进行消杀。

（4）使用后将保洁工具、器具清洗干净，统一存放于指定地点，并及时补充、申领。

（5）维护责任区域卫生，劝阻、制止不卫生、不文明行为。

7. 办公楼保洁员岗位职责

（1）负责清洁用品、用具的管理及储备，确保安全有效地使用化学清洁剂。

（2）负责楼内公共区域地面、扶手、栏杆、窗户、窗台、门、玻璃、墙面、宣传画、垃圾桶、开关等部位的清洁工作。

（3）负责大厅、楼层桌椅、沙发、花卉、花盆的维护与清洁。

（4）负责会议室地面、墙面、桌椅、花卉、花盆、窗台、窗户、玻璃、宣传牌以及烟灰缸等部位的清洁。

（5）确保卫生间便池、洗手池、镜子、洗手台、接水处干净、整洁、无污渍、无水渍、无异味。

（6）及时对垃圾进行处理，桶内垃圾不得超过2/3。

（7）及时清洗保洁工具、器具，统一存放于指定地点，并及时补充、申领。

（8）维护责任区域卫生，劝阻、制止不卫生、不文明行为。

第三节　保洁人员任职要求

物业保洁人员是物业服务企业不可或缺的部分，他们的职责是保持物业区域干净、卫生，为业主提供一个舒适、整洁的环境。以下是对物业保洁人员的一些要求。

一、业务技能和知识

（1）掌握基本的保洁技能和知识，如使用清洁剂、清洁设备，熟悉清洁程序等。

（2）了解常见的清洁问题和处理方法，如消毒、除臭、除虫等。

（3）具备较强的安全意识和应急处理能力，能快速处理突发事件、熟练使用安全设备。

二、工作态度和品质

物业保洁人员应具备良好的工作态度和服务意识，能够礼貌地待人接物，遵守各项规章制度和工作纪律，积极配合其他部门的工作，为业主提供优质的保洁服务。

三、个人素质

物业保洁人员应诚实负责，能够吃苦耐劳，具备团队合作精神和自我管理能力。同时，他们还需要具备良好的沟通能力和解决问题的能力，在工作中遇到问题时能够妥善处理。

四、礼仪礼节

1. 着装要求

（1）必须按规定着整洁工装、佩戴工作证，工装外不得罩便衣。

（2）衣领、袖口保持干净；上衣扣子扣好，不挽袖。

（3）按季节换装，严禁混穿。

2. 仪表要求

（1）保持脸、眼、鼻、口、颈清洁，无异味。

（2）头发要保持干净。

（3）女员工长发一定要束好，不得披肩。

（4）女员工打扮适度，化淡妆。

3. 仪态要求

（1）坐姿

坐姿要自然大方，上体保持正直，两脚分开与肩同宽，双手放于大腿之上，不得垂肩、摇腿、跷脚、晃身。

（2）站姿

站立时，腰要直，肩要平，头要正，颈要直，保持身体端正；在公共场所不得歪斜、倚靠、伸懒腰、打呵欠、挖鼻孔。

（3）行姿

① 行走时轻快、稳健，身体直立，两眼平视前方，两腿有节奏地交替向前迈进。

② 行步时不要左顾右盼、东张西望，不得吃东西、吸烟或将手插在裤兜和衣兜内。

（4）说话

在任何场合说话，均要诚恳大方、亲切自然、神情专注、正视对方。另外，对于需回避和保密的问题，要礼貌回答。

说话的注意事项如下。

① 距离：与人交谈保持一定的距离。

② 表情：微笑、正视、专注、自然。

③ 回答：简要、得体、保密、礼貌。

4. 礼仪要求

（1）保洁人员在清洁时遇见行人，要礼让。妨碍他人时，要使用礼貌用语，不可用粗鲁语言让他人退让。

（2）工作时与业主相遇，要礼貌问候或点头示意。特别是早上第一次遇见业主时，一定要问候，多次相遇可点头微笑致意。

（3）进领导办公室要先敲门，敲门节奏要轻缓，得到允许后方可进门。未经允许，严禁闯入。

（4）遇到业主询问，要礼貌对答，指路时要按规定手势示意方向。

（5）业主有困难时，要主动给予帮助。

（6）发现形迹可疑人员，要有防范意识，但一定要注意礼节。不可用盘查的态度询问，如需要盘查，应报告保安人员。

（7）与领导或同事见面时要打招呼。

（8）工作中不慎毁坏物品时，应及时向上级汇报，严禁私自处理或隐瞒不报。

5. 服务用语

（1）（微笑）您好！早上好 / 下午好 / 晚上好！

（2）（微笑）您好！请问……

（3）（微笑）您好！麻烦您一下……

（4）（微笑）您好！我现在可以做清洁吗？

（5）（进入办公室或异性洗手间必须先敲门）对不起，我可以进来打扫吗？

（6）（不能马上做的事情）对不起，请稍等，我马上来。

（7）是，我马上转告他（她）。

（8）（工作中不小心碰撞业主）对不起，非常抱歉。

（9）（工作中需业主配合时）对不起，请稍让一下 / 谢谢，给您添麻烦了。

（10）谢谢，非常感谢。

6. 八个不准

（1）不准与同事闲谈。

（2）不准与业主过分亲近。

（3）不准将私事或公司纠纷向他人诉说。

（4）不准使用不雅词语。

（5）不准在公共场所大声喧哗或呼叫。

（6）不准浪费资源和侵吞他人财物。

（7）不准与他人发生争吵。

（8）不准随意动用管理区域物品。

物业服务企业应对本企业保洁人员的工作进行规范。以下是某企业的物业保洁人员工作规范，仅供参考。

【范本1-01】 ▶▶

庭院保洁员行为规范与工作要求

服务流程	整理仪容仪表	→	准备工具及用品	→	庭院区域常规清洁	→	庭院公共设施清洁擦拭	→	庭院巡视，实时保洁（如发现异常及时上报）

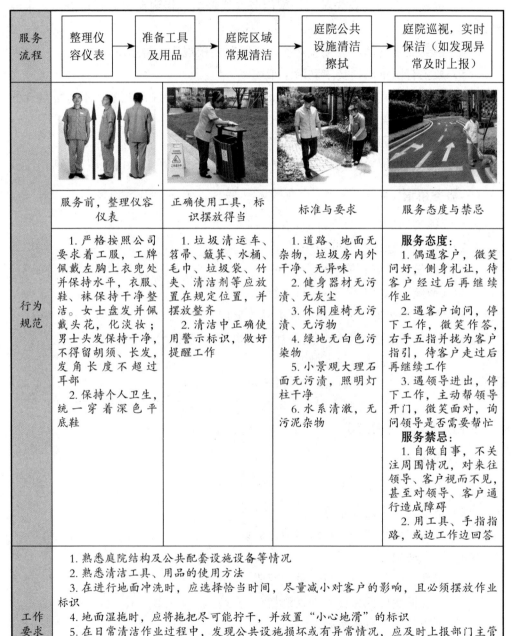

	服务前，整理仪容仪表	正确使用工具，标识摆放得当	标准与要求	服务态度与禁忌
行为规范	1. 严格按照公司要求着工服，工牌佩戴左胸上衣兜处并保持水平，衣服、鞋、袜保持干净整洁。女士盘发并佩戴头花，化淡妆；男士头发保持干净，不得留胡须、长发，发角长度不超过耳部 2. 保持个人卫生，统一穿着深色平底鞋	1. 垃圾清运车、笤帚、簸箕、水桶、毛巾、垃圾袋、竹夹、清洁剂等应放置在规定位置，并摆放整齐 2. 清洁中正确使用警示标识，做好提醒工作	1. 道路、地面无杂物，垃圾房内外干净、无异味 2. 健身器材无污渍、无灰尘 3. 休闲座椅无污渍、无污物 4. 绿地无白色污染物 5. 小景观大理石面无污渍，照明灯柱干净 6. 水系清澈，无污泥杂物	**服务态度：** 1. 偶遇客户，微笑问好，侧身礼让，待客户经过后再继续作业 2. 遇客户询问，停下工作，微笑作答，右手五指并拢为客户指引，待客户走过后再继续工作 3. 遇领导进出，停下工作，主动帮领导开门，微笑面对，询问领导是否需要帮忙 **服务禁忌：** 1. 自做自事，不关注周围情况，对来往领导、客户视而不见，甚至对领导、客户通行造成障碍 2. 用工具、手指指路，或边工作边回答
工作要求	1. 熟悉庭院结构及公共配套设施设备等情况 2. 熟悉清洁工具、用品的使用方法 3. 在进行地面冲洗时，应选择恰当时间，尽量减小对客户的影响，且必须摆放作业标识 4. 地面湿拖时，应将拖把尽可能拧干，并放置"小心地滑"的标识 5. 在日常清洁作业过程中，发现公共设施损坏或有异常情况，应及时上报部门主管或客服中心 6. 工作过程中如遇可疑人员，应及时上报巡逻人员或部门主管 7. 对于客户提出的意见或建议，及时向部门主管反馈 8. 工作过程中遇到客户，要暂停工作，主动避让、问好			

【范本1-02】▶▶▶ --

楼宇保洁员行为规范与工作要求

服务流程	整理仪容仪表 → 准备工具及用品 → 楼宇大堂常规清洁擦拭 → 楼宇内标准层、候梯厅及公共设施清洁擦拭 → 楼内巡视，实时保洁（发现异常及时上报）			
	服务前，整理仪容仪表	正确使用工具，标识摆放得当	标准与要求	服务态度与禁忌
行为规范	1. 严格按照公司要求着工服，工牌佩戴左胸上衣兜处并保持水平，衣服、鞋、袜保持干净整洁。女士盘发并佩戴头花，化淡妆；男士头发保持干净，不得留胡须、长发，发角长度不超过耳部 2. 保持个人卫生，统一穿着深色平底鞋	1. 笤帚、簸箕、牵尘器、墩布、钢丝球、百洁布、毛巾、清洁剂、消毒液、不锈钢光亮剂、鸡毛掸子、告示牌等应放置在规定位置，并摆放整齐 2. 现场作业时，提示标识应摆放在显眼位置且不影响客户通行	1. 地面无烟头、纸屑、杂物，无污渍；大理石地面、墙身有光泽，无污渍 2. 墙面无蛛网、无积尘、无广告、无污迹 3. 公共设施设备表面用纸巾擦拭，无明显污渍 4. 玻璃门表面无水印、手印、污迹 5. 不锈钢表面光亮、无污迹 6. 天花、风口目视无污迹、无灰尘 7. 电梯厅内外干净整洁、无浮尘、无污渍	**服务态度：** 1. 偶遇客户，微笑问好，侧身礼让，待客户经过后再继续作业 2. 遇客户询问，停下工作，微笑作答，右手五指并拢为客户指引，待客户走过后再继续工作 3. 遇领导进出，停下工作，主动帮领导开门，微笑面对，询问领导是否需要帮忙 **服务禁忌：** 1. 自做自事，不关注周围情况，对来往领导、客户视而不见，甚至对领导、客户通行造成障碍 2. 用工具、手指指路，或边工作边回答
工作要求	1. 熟悉楼宇结构、单元户数、楼座排列及公共配套设施设备等情况 2. 熟悉清洁工具、用品的使用方法 3. 在进行大堂清洁作业时，应将"正在清洁"的标识放置在显眼且不影响客户通行的位置 4. 地面湿拖时，应将拖把尽可能拧干，并放置"小心地滑"的标识			

续表

工作要求	5. 在日常清洁作业过程中，发现公共设施损坏或有异常情况，应及时上报部门主管或客服中心 6. 工作过程中如遇可疑人员，及时上报秩维巡逻人员或部门主管 7. 对于客户提出的意见或建议，及时向部门主管反馈 8. 工作过程中遇到客户，要暂停工作，主动避让、问好

【范本 1-03】▶▶▶

办公楼／售楼部保洁员行为规范与工作要求

服务流程	整理仪容仪表 → 准备工具及用品 → 楼内大堂常规清洁擦拭 → 各楼层卫生间常规清洁 → 楼宇标准层地面及公共设施清洁擦拭 → 楼内巡视、实时保洁（如发现异常及时上报）

行为规范	服务前，整理仪容仪表	正确使用工具，标识摆放得当	标准与要求	服务态度与禁忌
	1. 严格按照公司要求着工服，工牌佩戴左胸上衣兜处并保持水平，衣服、鞋、袜保持干净整洁。女士盘发并佩戴头花，化淡妆；男士头发保持干净，不得留胡须、长发，发角长度不超过耳部 2. 保持个人卫生，统一穿着深色平底鞋	1. 笤帚、簸箕、牵尘器、墩布、钢丝球、百洁布、毛巾、清洁剂、消毒液、不锈钢光亮剂、恭桶刷、夹子、告示牌等应放置在规定位置，并摆放整齐 2. 现场作业时，提示标识应摆放在显眼位置，且不影响客户通行	1. 地面无烟头、纸屑、杂物，无污渍；大理石地面、墙身有光泽，无污渍 2. 墙面无蛛网、无积尘、无广告、无污迹 3. 公共设施设备表面用纸巾擦拭，无明显污渍 4. 玻璃门表面无水印、手印、污迹 5. 不锈钢表面光亮、无污迹 6. 天花、风口目视无污迹、无灰尘 7. 卫生间干净无异味，壁镜无水迹，洗手盆台面无污渍、水渍	**服务态度：** 1. 偶遇客户，微笑问好，侧身礼让，待客户经过后再继续作业 2. 遇客户询问，停下工作，微笑作答，右手五指并拢为客户指引，待客户走过后再继续工作 3. 遇领导进出，停下工作，主动帮领导开门，微笑面对，询问领导是否需要帮忙 **服务禁忌：** 1. 自做自事，不关注周围情况，对来往领导、客户视而不见，甚至对领导、客户通行造成障碍 2. 用工具、手指指路，或边工作边回答

续表

工作要求	1. 熟悉楼内层数、卫生间及公共配套设施设备等情况 2. 熟悉清洁工具、用品的使用方法 3. 在进行大堂或卫生间清洁作业时，应将"正在清洁"的标识放置在显眼且不影响客户通行的位置 4. 地面湿拖时，应将拖把尽可能拧干，并放置"小心地滑"的标识 5. 在日常清洁作业过程中，发现公共设施损坏或有异常情况，应及时上报部门主管或客服中心 6. 工作过程中如遇客户或公司领导，要暂停工作，主动问好、避让

【范本1-04】▶▶▶

地库保洁员行为规范与工作要求

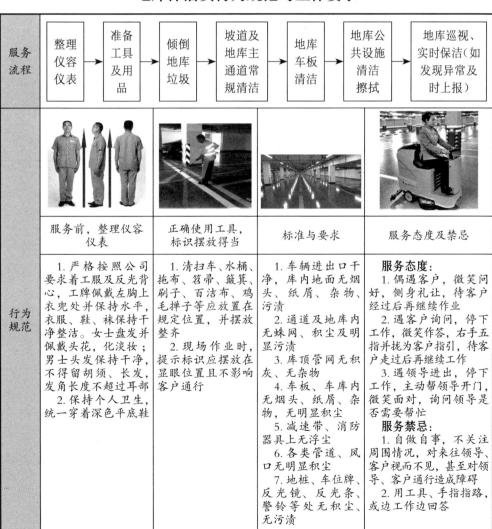

服务流程	整理仪容仪表 → 准备工具及用品 → 倾倒地库垃圾 → 坡道及地库主通道常规清洁 → 地库车板清洁 → 地库公共设施清洁擦拭 → 地库巡视、实时保洁（如发现异常及时上报）

	服务前，整理仪容仪表	正确使用工具，标识摆放得当	标准与要求	服务态度及禁忌
行为规范	1. 严格按照公司要求着工服及反光背心，工牌佩戴左胸上衣兜处并保持水平，衣服、鞋、袜保持干净整洁。女士盘发并佩戴头花，化淡妆；男士头发保持干净，不得留胡须、长发，发角长度不超过耳部 2. 保持个人卫生，统一穿着深色平底鞋	1. 清扫车、水桶、拖布、笤帚、簸箕、刷子、百洁布、鸡毛掸子等应放置在规定位置，并摆放整齐 2. 现场作业时，提示标识应摆放在显眼位置且不影响客户通行	1. 车辆进出口干净，库内地面无烟头、纸屑、杂物、污渍 2. 通道及地库内无蛛网、积尘及明显污渍 3. 库顶管网无积灰、无杂物 4. 车板、车库内无烟头、纸屑、杂物、无明显积尘 5. 减速带、消防器具上无浮尘 6. 各类管道、风口无明显积尘 7. 地桩、车位牌、反光镜、反光条、警铃等处无积尘、无污渍	**服务态度：** 1. 偶遇客户，微笑问好，侧身礼让，待客户经过后再继续作业 2. 遇客户询问，停下工作，微笑作答，右手五指并拢为客户指引，待客户走过后再继续工作 3. 遇领导进出，停下工作，主动帮领导开门，微笑面对，询问领导是否需要帮忙 **服务禁忌：** 1. 自做自事，不关注周围情况，对来往领导、客户视而不见，甚至对领导、客户通行造成障碍 2. 用工具、手指指路，或边工作边回答

工作 要求	1.熟悉地库区域分布及公共配套设施设备等情况 2.熟悉清洁工具、用品的使用方法 3.进行车板清扫时，应将"正在清洁"的标识牌放置在车板前的显眼位置，且不影响客户通行 4.地面湿拖时，应将拖把尽可能拧干，并放置"小心地滑"的标识 5.在日常清洁作业过程中，发现公共设施损坏或有异常情况，应及时上报部门主管或客服中心 6.工作过程中如遇客户或公司领导，要暂停工作，主动问好、避让

学习笔记

通过学习本章内容，想必您已经有了不少学习心得，请详细记录下来，以便后续巩固学习。如果您在学习中遇到了一些难点，也请如实记下来，以便今后进一步学习，彻底解决这些问题。

我的学习心得：

1. _____
   _____
2. _____
   _____
3. _____
   _____
4. _____
   _____
5. _____
   _____

我的学习难点：

1. _____
   _____
2. _____
   _____
3. _____
   _____
4. _____
   _____
5. _____
   _____

第二章 保洁服务管理

>>>> 培训指引

　　保洁服务管理是指物业服务企业通过宣传教育、监督治理和日常工作，如定时、定点、定人进行生活垃圾收集、处理和清运，采取清、扫、擦、拭、抹等专业性操作，维护辖区公共区域、公用设备设施的卫生，保持物业区域环境整洁、清新、幽雅，提升业主的居住体验，同时塑造文明企业形象，提高经济效益。

第一节　保洁服务管理要点

　　不同等级、不同类型物业公共部位的清洁有不同的标准，同一物业管理区域内也可能有不同的管理要求与标准。一般来说，物业服务企业的保洁管理应达到以下要求。

一、职责明确

　　物业保洁是一项细致、劳动强度大的工作，每天都有垃圾要清运、场地要清扫，因此，保洁工作涉及物业管理范围内的每一个角落。因此，物业服务企业必须明确职责，做到"五定"，即定人、定地点、定时间、定任务、定质量。物业范围内的每一个角落均应有专人负责清洁，并有明确的清扫内容、时间和质量要求。

二、工作及时快速

　　垃圾每天都会产生，灰尘随时都会落下。因此，保洁工作要注重及时性。保洁人员要及时清除垃圾，做到日产日清。

三、合理制订保洁工作计划

物业服务企业应制订每日、每周、每月、每季直至每年的保洁工作计划。

下面是一份 ×× 物业公司的保洁工作计划范本，仅供参考。

【范本 2-01】 ▸▸▸

保洁工作计划

一、楼内部分

清洁项目		日常工作及周期工作内容			清洁标准
		每天	每周	每月	
公共地面	大理石	用一定比例的清洁剂加水湿拖1次，并随时保洁	清洗1次		无灰尘、无污渍
	水磨石	用一定比例的清洁剂加水湿拖1次，并随时保洁	清洗1次		无灰尘、无污渍
	木地板	用一定比例的清洁剂加水推尘1次，并随时保洁	清洁1次		无灰尘、无污渍
3米以下墙壁	大理石	用一定比例的清洁剂加水擦抹1次，并随时保洁			无灰尘、无污渍
	柱面	用一定比例的清洁剂加水擦抹1次，并随时保洁			无灰尘、无污渍
	涂料	局部灰尘、污渍随时处理			无灰尘、无污渍
	玻璃	用抹布沾玻璃清洁剂擦抹1次			无灰尘、无污渍、无痕印
消防楼梯		用一定比例的清洁剂加水湿拖1次，并随时保洁	清洁1次		无灰尘、无污渍
楼梯扶手		用一定比例的清洁剂加水擦抹1次，并随时保洁	上不锈钢油1次	全面清洁1次	无灰尘、无污渍
消防及其他设施		用一定比例的清洁剂加水擦抹1次，并随时保洁	全面清洁1次		无灰尘、无污渍
大台及相关设施			全面清洁1次		无垃圾、无灰尘、无污渍

续表

清洁项目		日常工作及周期工作内容			清洁标准
		每天	每周	每月	
公共门窗	门、门框	用一定比例的清洁剂加水擦抹1次，并随时保洁	全面清洁1次		无灰尘、无污渍
	窗体、窗台	用一定比例的清洁剂加水擦抹1次，并随时保洁	全面清洁1次		无灰尘、无污渍
	门窗玻璃	用一定比例的玻璃清洁剂清洁擦抹1次，并随时保洁	全面清洁1次		无痕印、无手印
公共洗手间	地面	拖扫数次，随时保洁	全面清洁1次		无灰尘、无污渍
	玻璃镜面	清洗数次，并随时保洁	全面清洁1次		无痕印、无手印
	洁具、洗手盆	清洗数次，并随时保洁	全面清洁1次		无垃圾、无异味，保持整洁干净
	墙面、门框	擦洗1次，并随时保洁	全面清洁1次		无灰尘、无污渍、无痕印、无手印
	垃圾桶	随时倾倒垃圾	清洗消毒1次		无垃圾溢出、无异味，保持整洁干净
植物、花盆		洒水1次，并随时清洁花盆			保持植物干净、茂盛
不锈钢指示牌		用一定比例的不锈钢保养剂擦抹1次			无灰尘、无污渍
信报箱、不锈钢设施		用一定比例的不锈钢保养剂加水擦抹1次，并随时保洁	全面清洁1次	上不锈钢油1次	无灰尘、无污渍、无痕印、无手印
垃圾桶、垃圾箱		随时更换垃圾袋；清洁烟灰缸；擦抹箱盖、箱身	全面清洁1次		无垃圾溢出、无异味

二、楼房外围部分

清洁项目	日常工作及周期工作内容			清洁标准
	每天	每周	每月	
地面	清扫1次、随时巡查保洁		全面清洗1次	无垃圾、无污渍
指示牌	用一定比例的清洁剂加水擦抹1次，并随时保洁	全面清洗1次		无灰尘、无污渍
射灯、路灯	擦抹1次，并随时保洁	全面清洗1次		无灰尘、无污渍
标识牌		用一定比例的清洁剂加水擦抹1次		无灰尘、无污渍
旗杆	1米以下部分擦抹2次	用一定比例的清洁剂加水擦抹1次		无灰尘、无污渍
旗帜			清洁1次	无污渍、无痕印
水沟、管道	清洁1次			无垃圾、无污渍
楼房2米以下墙面	局部污渍随时清洁			无明显污渍
玻璃	用玻璃清洁剂清洁1次			无灰尘、无污渍、无痕印、无手印
消防及其他设施	清洁1次	全面清洁1次		无灰尘、无污渍、无痕印
垃圾桶、垃圾箱	随时更换垃圾袋；清洁烟灰缸；擦抹箱盖、箱身	全面清洁1次		无垃圾溢出、无异味
绿化带	清洁、洒水1次	施肥1次		绿化带内无纸屑、烟头、杂物；植物干净、茂盛
垃圾清运	垃圾日产日清，垃圾站每天清洗1次		全面消杀2次	无垃圾溢出、无异味

四、明确保洁质量标准

标准是衡量事物好坏的准则，也是评价保洁工作的标尺。物业区域环境保洁的通用评价标准如图 2-1 所示。

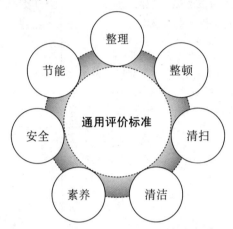

图 2-1 物业区域环境保洁的通用评价标准

物业服务企业应根据实际情况制定相应的卫生清洁标准。

五、开展质量检查

检查是保洁工作质量控制的一种常用且有效的方法。目前，大多数物业服务企业的保洁部门都采用这一方法。保洁工作质量检查的要求如表 2-1 所示。

表 2-1 保洁工作质量检查的要求

序号	检查要求	具体说明
1	检查与培训相结合	对检查过程中发现的问题，不仅要及时纠正，还要分析原因，对员工进行教育、培训，以防类似问题再次发生
2	检查与奖励相结合	将检查结果作为员工工作业绩考核的依据，并结合人事政策，对员工进行奖励或惩罚
3	检查与考核相结合	通过测定不同岗位的工作量、物料损耗量，考核员工在不同时间的作业情况，从而更合理地利用人力、物力，达到提高效率、控制成本的目的
4	检查与改进相结合	对检查过程中发现的问题进行分析，并找出原因，提出整改措施，从而提高服务工作质量

六、编制保洁作业指导书

保洁作业指导书就是指导保洁人员工作的方法与方式。物业服务企业将保洁作业的过程以文件的方式展现出来，目的是对保洁人员进行技术指导，提高其工作效率与品质，促使其高质量地完成保洁工作。保洁作业指导书一般由表 2-2 所示的内容组成。

表 2-2　保洁作业指导书的内容

序号	内容名称	详细说明
1	作业内容	即保洁人员需要做的事
2	物料内容	即保洁工作需用到的物料
3	使用工具	即保洁工作需用到的工具
4	注意事项	即操作时会遇到的问题与需要注意的地方
5	作业工时	即完成保洁工作所需的时间

作业指导书编制完成后，应打印成册，组织保洁人员学习，为保洁工作顺利开展打下良好基础。新上岗的保洁人员，培训完成后要经过考核，考核合格后，方可上岗。

七、与业主友好沟通

保洁人员要与业主进行友好沟通，以取得他们对保洁工作的支持。保洁人员沟通时要有耐心，避免争吵，争取用实际行动将业主感化。

八、完善应急处理措施

物业保洁人员遇到的意外情况主要有火灾；污水井、管道、化粪池严重堵塞；暴风雨；水管爆裂；户外施工、装修等。

针对这些意外情况，物业服务企业应制定完善的应急处理措施，使保洁人员遇到突发事件时能迅速按照要求开展相关工作，以免对物业环境造成影响，从而持续为业主提供高质量的清洁服务。

第二节　保洁工作制度

一、物业保洁管理制度的内容

物业保洁管理制度主要包括表 2-3 所示的内容。

表 2-3　物业保洁管理制度的内容

序号	制度名称	制度说明
1	保洁岗位职责规范	明确保洁人员的工作职责和范围，例如，遵守公司规章制度、爱岗敬业、遵守考勤制度、发扬互助精神、发现异常及时报告、妥善保管清洁工具和用品、拾金不昧等
2	保洁人员工作标准	明确各项保洁工作的具体步骤、时间节点和质量要求，例如，走廊及会议室清扫标准、卫生间清扫标准等
3	保洁人员行为准则	明确保洁人员在工作期间应遵守的行为准则，例如，仪容仪表要求、工作态度要求、工作纪律要求及保洁工具使用要求等
4	日常保洁服务标准	明确各项保洁工作的具体要求和标准，以确保物业区域的干净、卫生、整洁和安全，例如，地面清洁标准、公共区域清洁标准、卫生间清洁标准等
5	保洁工作监督和考核机制	对保洁人员的工作进行监督和考核，以激励保洁人员积极工作，提高保洁工作的效率和质量
6	安全管理制度	制定保洁工作安全管理制度，确保保洁人员在工作中遵守安全操作规程，避免发生不安全事件。例如，保洁人员应遵守安全规定，不得私自开动清洁机器；在清扫高处时，应采取安全措施等
7	保洁人员培训和管理规定	对保洁人员进行定期培训，以提高他们的业务技能和工作能力。同时，加强对保洁人员的管理和考核，确保他们按照制度要求和工作标准开展工作
8	保洁设备和用品管理规定	制定保洁设备和用品管理制度，包括设备的采购、使用、保养和维修等，确保设备和用品正常使用和维护，以提高保洁工作的效率和质量
9	保洁工作记录和报告制度	保洁人员应记录每天的工作内容、发现的问题和处理措施等。同时，定期向上级领导汇报保洁工作情况，以便及时发现问题并改进

　　物业保洁管理制度涉及保洁人员的岗位职责、工作标准、工作流程、培训和管理、监督和检查、记录和报告以及设备和用品管理等方面内容，旨在使保洁工作的规范化、高效化，为业主提供一个卫生、整洁和安全的生活环境。

二、物业保洁管理制度的制定

　　制定保洁工作制度是为了确保保洁工作的质量。图 2-2 是制定保洁管理制度的一些建议。

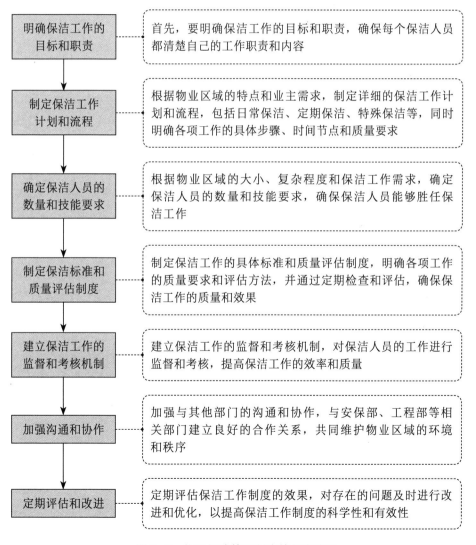

图 2-2　物业保洁管理制度的制定建议

第三节 保洁服务标准

物业服务企业应制定保洁服务标准，确保物业保洁工作的开展遵循相应的规范和要求，以提高保洁服务的质量和效率。

一、保洁服务标准的制定

保洁服务标准的制定如图 2-3 所示。

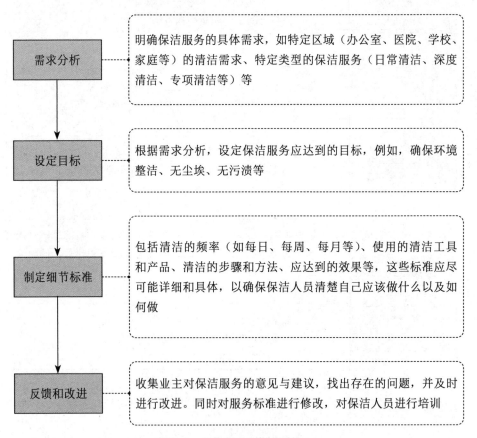

图 2-3 保洁服务标准的制定

需要注意的是，保洁服务标准可能会随着环境的变化需要定期更新和调整，以确保最终的标准既符合实际需求，又能被有效执行。

【范本 2-02】▶▶▶

楼宇大厅（堂）、候梯厅、楼层步梯间日常保洁服务标准

清洁项目			日常清洁 每天	定期作业 每周	定期作业 每月/季	质量检查标准
楼宇大堂、候梯厅		地面	清扫、去污、除尘2次			无灰尘、无纸屑、无污渍，保持光洁明亮
	墙身	瓷砖墙面	2米以下部分擦拭2次		2米以上玻璃部位，每月擦拭1次	无手印、无灰尘、无污渍，保持光洁明亮
		抹灰白墙			每月清扫墙身1次	无尘渍、无污渍
	门窗	玻璃门、窗	擦拭2次	用玻璃刮清洁2次	2米以上玻璃部位，每月/季度擦拭1次	无手印、无灰尘、无污渍，保持光洁明亮
		铝合金/不锈钢门	擦拭1次	用全能清洁剂擦拭2次		无手印、无尘渍
		消防门	擦拭1次			无积尘、无污渍
		窗台	擦拭1次			无积尘、无污渍
	踢脚线、墙角			擦拭2次		无污渍、无尘
	灯饰、天花				每季度打扫1次	无尘、干净
	果皮箱、垃圾桶		倾倒垃圾2次，擦拭桶身和桶盖			无污渍、无痰渍
	公告栏、宣传牌		擦拭2次			无手印、光亮
	信报箱		擦拭2次			无手印、光亮
	开关等带电设施		用干毛巾擦拭1次			无灰尘、无污渍
楼层步梯间	逃生指示灯、层显				每月打扫2次	无污渍、无痰渍
	灯饰、天花				每年打扫1次	无污渍、无灰尘
	开关等凸出设施		擦拭1次			无污渍、无灰尘
	墙面				每月撣1次	无灰尘、无蛛网

续表

清洁项目		日常清洁	定期作业		质量检查标准
		每天	每周	每月／季	
楼层步梯间	楼梯、通道地面	清扫1次	湿拖1次		无污渍、无痰渍
	扶手		擦拭3次		无污渍
	出入口台阶	随时清除杂物	清洗2次		无污渍、无痰渍

【范本 2-03】▶▶▶ -

特定区域日常保洁服务标准

清洁项目		日常清洁	定期作业		质量检查标准
		每天	每周	每月	
洗手间部分	瓷砖墙身	洗擦1次，并喷洒空气清新剂	清洁1次		无灰尘、无污渍，保持瓷砖光亮、洁净
	防滑瓷砖地面	拖抹1次			无灰尘、无污油、无纸屑、无水渍，保持瓷砖光亮、洁净
	洗手间门	擦拭1次			无手印、无污渍
	洗手间玻璃镜面	用清洁剂擦拭1次			无灰尘、无污渍、无水渍、无手印，保持镜面明净
	小便器、坐（蹲）便器	用卫生间专用清洁剂清洗、消毒1次			无尿渍、无污垢、无异味，保持水流畅通无阻
	洗手间隔板	用清洁剂擦拭数次	全面消毒清洁1次		无污渍、无痰渍，保持洁净
	洗手间灯饰			用毛巾抹擦1次	无蛛网
	洗手间天花、风口		擦拭风口2次	清扫天花1次	无污渍、无蛛网
	洗手间下水管道				确保通畅

续表

清洁项目		日常清洁	定期作业		质量检查标准
		每天	每周	每月	
洗手间部分	洗手池（台）	全面清洁2次，时时保洁			池内无污水、无污迹，保持台面干净
	烘干机	擦拭1次			无灰尘、无污渍
	不锈钢部位	用抹布擦拭1次	上不锈钢油1次		光亮、洁净
	广告牌、宣传牌	擦拭1次			无灰尘、无污渍
电梯部分	轿厢	擦拭2次	用保养剂或光亮剂擦拭2次		光亮、洁净
	地面	擦拭2次	全面清理死角1次		无灰尘、无污渍
	广告牌、宣传牌	擦拭2次			无灰尘、无污渍
	照明灯			必要时擦拭	保持灯具无污渍
	层门	擦拭2次	用保养剂或光亮剂擦拭2次		光亮、洁净

【范本2-04】▶▶▶

楼梯、通道、外围及停车场区域日常保洁服务标准

清洁项目		日常清洁	定期作业		质量检查标准
		每天	每周	每月	
庭院部分	地面	打扫2次，随时保洁		全面清洁1次	无纸屑、无污渍、无痰渍
	楼梯、扶手等	擦拭1次	清洁1次		无杂物、无痰渍
	健身设施	擦拭2次			无污渍、无灰尘
	垃圾桶	全面清洁桶盖、桶身2次	全面清洗、消毒1次（夏季增加）		无异味、无附着物
	绿化带	清理杂物1次			无杂物、无纸屑、无烟头
	石材地面	打扫1次（夏季每日冲洗1次）		维护保养1次	无纸屑、无污渍

续表

清洁项目		日常清洁	定期作业		质量检查标准
		每天	每周	每月	
庭院部分	景观、水池、喷泉	每日清捡杂物、保持台面干净		全面清洁水池3次	无异味、无杂物
	非机动车棚	清扫杂物1次			无蛛网、无杂物
	大门门禁	擦抹2次			无手印、无污迹
	小区大门口	清扫并保洁	冲洗1次	全面清洁1次	无杂物,保持干净
	标识、雕塑、宣传栏			全面打扫1次	无油污、无污渍
	台阶、扶手	清扫1次、清理杂物		全面清洁1次	无杂物、无积沙
	排水沟、盖、井	清理1次	消杀1次	冲洗3次	无杂物、无异味、无蚊蝇
垃圾中转站	地面、墙壁	清洁1次	冲洗1次、消毒1次	全面清洁1次	无污渍
	垃圾	日产日清			保持整洁、无臭味
地下停车场	地面	打扫1次			无油污、无污渍、无垃圾杂物
	天花、灯饰		清洁除尘1次		无灰尘、无污渍、无蛛网
	标识牌	用清洁剂擦拭1次			无污渍、无积尘
	柱面	清洁1次	擦拭1次		无积尘、无污渍

二、保洁服务标准的执行

严格执行保洁服务标准,是确保保洁工作质量的关键。以下是执行保洁服务标准的一些要点。

1. 明确责任和分工

物业服务企业应确保每个保洁人员都清楚自己的职责和任务,明白自己的工作区域和清洁要求。可通过制定保洁工作计划和安排，将工作任务分配给每个保洁人员。

2. 培训和指导

物业服务企业应对保洁人员进行定期培训和指导，以确保他们熟知日常保洁服务标准的内容。培训内容包括但不限于清洁工具的使用、清洁剂的选择、清洁工作的流程等。培训方式包括理论讲解、实物演示以及实践操作等。

3. 监督和检查

物业服务企业应建立有效的监督和检查机制，确保保洁服务标准得到严格执行。可以通过定期巡查、抽查等方式，对保洁工作进行评估。同时，鼓励业主对保洁工作提出宝贵意见，以促进物业服务企业提升服务质量。

4. 建立奖惩机制

物业服务企业应建立奖惩机制，以激发保洁人员的工作积极性和责任心。应对执行保洁服务标准较好的保洁人员给予表彰和奖励，对不符合标准的人员进行适当的惩罚和纠正。

5. 定期评估和改进

物业服务企业应定期评估保洁服务标准的执行效果，分析保洁工作中存在的问题和不足，以便及时调整和改进服务标准。

6. 加强沟通和协作

保洁部门应加强与其他部门的沟通和协作，确保保洁工作与其他工作有效衔接，共同维护物业管理区域的卫生和安全，为业主提供一个干净、舒适的生活空间。

学习笔记

通过学习本章内容，想必您已经有了不少学习心得，请详细记录下来，以便后续巩固学习。如果您在学习中遇到了一些难点，也请如实记下来，以便今后进一步学习，彻底解决这些问题。

我的学习心得：

1. _____
2. _____
3. _____
4. _____
5. _____

我的学习难点：

1. _____
2. _____
3. _____
4. _____
5. _____

第三章 物业保洁常用设备与用品

>>>> 培训指引

　　物业保洁的常用设备与用品包括手动类清洁设备、电动类清洁设备、清洁用品以及辅助工具等。物业服务企业应配备充足的保洁设备与用品，并确保保洁人员能够正确使用和维护，从而提高保洁工作效率，保障物业区域环境的干净与整洁。

第一节 保洁常用设备

　　有时候，保洁人员需要借助机器设备来完成日常的保洁工作。而正确使用机器设备，不仅可以延长设备的使用寿命，还可以降低设备在使用过程中的安全隐患。在此，介绍几种物业保洁工作中的常用设备。

一、吸尘器

　　吸尘器是专用于清除地面灰尘的设备，由主体和附件组成，如图3-1所示。主体包括电机、风机、吸尘部分（由过滤器、储存箱组成）。附件包括软管、接长管、刷头、吸嘴等。

1. 操作步骤

　　（1）首先检查机器电源线是否正常、开关按钮是否关闭。

　　（2）将吸尘机放置需要作业的区域。

　　（3）作业前，应根据不同的吸尘对象选择所需

图3-1 吸尘器

的配件：吸地毯时，应关闭耙头上的毛刷；吸硬质地面时，应启用耙头上的毛刷；吸狭小区域时，应使用扁吸嘴或管状吸嘴。

（4）安装完毕后，接通电源，开始吸尘作业。

（5）在对地面进行吸尘作业前，应先对地面进行清扫或推尘，清除地面上的较大垃圾。当吸尘箱中尘袋内的垃圾较多时，应及时清理。

（6）作业完毕后，关掉电源，将尘袋及滤网清理干净，并将电源线缠绕在设备的指定位置，然后将其放回库房。

2. 保养要求

（1）每次使用后，要从里到外将设备擦干净。

（2）定期通知维修人员进行测试和检查。

（3）每次作业完毕后，应及时清理机器内的尘袋及滤网。

3. 注意事项

（1）使用前，检查尘袋及滤网有无损坏。

（2）启动设备前，应先将作业区域内的垃圾（如铁钉、牙签、纸张、果皮等）清扫干净，以防垃圾吸入管内造成设备故障。

（3）设备运行时，禁止牵引软管拖拉机器。

（4）对于尘袋，要勤检查、勤清理，以确保吸尘效果。

（5）使用后，应检查设备电源线是否有破损。

二、洗地机

洗地机是一种清洗硬质地面并将污水带离现场的清洁设备，具有环保、节能、高效等优点，如图 3-2 所示。

1. 操作步骤

（1）首先检查设备电源线是否正常、开关按钮是否关闭；若发现设备存在异常，应停止使用。

（2）将洗地机及所需工具放到待打扫的区域。

图 3-2　洗地机

（3）做好相关区域的隔离和防护，并清扫地面。

（4）将洗地机的电源线打开，双手按住两边手柄向后轻轻压倒，直到缠线柱与地面接触平稳。

（5）电源线放置好后，将洗地机轻放在地面上，可以在支架底下垫上抹布或纸板，以防支架损伤软性地面。

（6）以逆时针方向将针盘固定到位，并以手动方式顺时针旋转针盘，看其转动是否灵活，若感觉针盘转动阻力较大，则应重新安装。针盘安装完毕，将所需的洗地垫贴于针盘上，然后将设备轻轻放直。对于洗地垫，可按图3-3所示的要求选择。

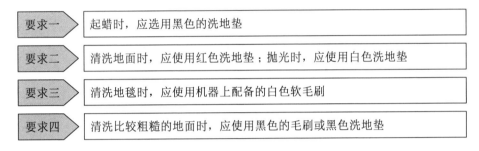

图3-3 洗地垫的选择要求

（7）洗地垫安装完毕后，根据作业面积和脏污程度，在容器里按一定的比例配制清洁液，并充分搅拌均匀。

（8）准备工作完成后，接通电源，把机器手柄调到适当的高度，并握住放水柄释放少量水在地面上。然后一手按总启动键，一手按分启动键，使机器进入洗地状态。

（9）在操作过程中，若机器需向右转，则将机身轻微向上抬；若机器需向左转，则将机身轻微往下放。机器向右转时由左手控制放水，机器向左转时则停止放水。

（10）往返洗地时，应注意与上一次洗地的区域保持适当的重叠（一般情况下重叠5～10厘米）。

（11）作业过程中，应注意观察电源线，以防电源线卷入机器中，造成不安全事故。

（12）操作完毕后，双手松开手柄按钮，设备自动停止。

2. 保养要求

（1）使用过程中，应注意机身的温度，若发现机身过热，应暂时停止作业，以防设备损毁。

（2）使用完毕后,应检查设备电源线是否完好,若发现有破损,应及时报修处理。

（3）使用完毕后,对水箱进行清洗,确保其干净,以防残留液体腐蚀机器。还应将放水阀拆下,进行彻底清洗保养。

（4）将设备擦拭干净,然后存放于仓库。

（5）将洗地垫及地毯刷清洗干净后平放在适当位置,切勿折弯存放,以防变形无法使用。

（6）每季度对设备的绝缘状态进行测试检查,并对相关部件进行加油养护。

3. 注意事项

（1）使用前一定要检查机器是否正常,若发现异常,应立即停止使用。

（2）应先加水再加药剂,并注意不要把水或药剂倒在水箱外面,以防腐蚀机器。对于装有转接头的设备,加水时应避免渗入转接头内部,以防设备漏电损伤人员和设备。

（3）在操作设备时,电源线应始终在人员身后,以免设备运转时将线绞断漏电伤人。

（4）操作过程中,要经常检查针盘上的垫子,以免垫子磨薄后导致针盘损坏。

（5）进行洗地作业前,必须先放少量水润湿洗地垫,以免干洗地垫磨伤地面。

（6）当清洗靠近墙面的地方时,应注意与墙面保持适当的距离,以防设备损伤墙面。

 请牢记:
　　洗地机是复杂的机器设备,保洁人员使用洗地机前,一定要经过专业培训。

三、吸水机

吸水机也称吸尘吸水机,放上尘罩时用于吸尘,换上电机保护罩则可以吸水。

1. 操作步骤

（1）普通吸水机的操作步骤及要求。

① 首先检查机器电源线是否完好、开关按钮是否关闭。

② 接好电源后,先用手柄（有的机器使用脚踏板）调节机器的高度,使机器

耙头与地面接触。

③ 推动机器向前或向后匀速运行，吸取地面的水或其他液体。

④ 吸水时，应确保作业区域不会有遗漏。往返吸水作业时，要保持适当的重叠面。

⑤ 作业完毕，吸水耙头离开地面后，方可关闭机器电源。

（2）多功能吸水机的操作步骤及要求。

① 应检查机器的电源线是否完好、开关按钮是否关闭。

② 检查完毕后，将洗地垫安装到机器的针盘上。

③ 踩下脚踏板，使机器的地垫与地面接触。

④ 将刮水器放下，启动电源开关，按动放水开关，然后再按下地垫开关，开始洗地、吸水作业。

⑤ 当发现吸水功能减弱时，应检查水箱里的水是否已满。水满后，应关掉机器的所有开关，将水箱导水管上的活塞拧开，放掉水箱中的污水。

⑥ 将水箱重新装好之后，再按上述步骤进行下一轮作业。

2. 保养要求

（1）使用完毕后，将机器擦拭干净，并检查电源线是否有破损。

（2）检查零部件的损耗情况，并对已损坏的部件及时更换。

（3）定期通知厂商对设备进行测试检查。

（4）每季度对机器的绝缘状态进行测试检查，并对相关部件进行加油养护，以防损坏。

（5）对于电瓶式吸水机，必须在电量完全耗尽时进行充电，以免电池受到损害。

3. 注意事项

（1）推动机器作业时，注意电源线的长短，以免卷入机器。

（2）吸水作业前，应在水箱内加入少量消泡剂，以防损坏机器。

（3）当机器发出满水警示时，应及时排除水箱内的水，以免电机损坏。

（4）应根据工作量的大小，开启适当数量的电机，提高吸水工作效率。

（5）吸水作业时，应注意机器的运转声，若出现杂音或噪声，应立即停止使用，并检查吸水耙头有无杂物堵塞。若无杂物或清除杂物后，相关问题仍未排除，通知相关部门进行检修。

（6）当使用多功能洗地机作业时，应注意不能太靠近边角区域，以防刮水器碰撞到相关物品，导致机器损坏。

（7）吸水完毕后，应注意对边角地带的积水进行处理，以确保整体吸水效果达到要求。

（8）一定要将洗地机的水彻底清洗干净，存放时将机盖敞开，以防下次使用时存在异味。

四、抛光机

抛光机用于地面抛光，由底座、抛盘、抛光织物、抛光罩及盖等元件组成。

1. 操作步骤

（1）检查作业所需的工具及用品是否齐全，电源线及插头是否完好。

（2）戴好口罩，对抛光区域进行推尘，然后将警示牌放置在抛光区域显眼的地方。

（3）按照使用说明，向喷壶中加入适量的保养蜡，然后向地面喷雾。

（4）喷雾时，不宜在一个位置喷洒过多，以防地面太湿不利于抛光作业。

（5）抛光时，应来回在抛光面上进行作业，并尽可能做到边喷边抛。

（6）对墙角部位进行抛光时，应采用切入直行的方法。若保养蜡喷到墙面或其他地方，应立即用抹布和清水擦拭。

（7）作业过程中，应注意检查抛光垫的污染程度。若污染严重，则应及时翻面或更换。

（8）作业完毕后，先用尘推和吸尘器去除抛光面上的蜡屑，再将所有用具清理干净后放回储存室。

2. 保养要求

（1）推尘作业时，应及时用吸尘器去除尘推上的灰尘、蜡屑。除尘推太脏时，应更换尘推罩。

（2）作业完毕后，用清水清洗抛光垫并晾干；将擦垫从机器上取出，以免其变形或损坏。

3. 注意事项

（1）作业前，应检查电源线是否有破损，电机运转的声音是否正常。若发现电机存在异常情况，应停止使用设备。

（2）在接通电源前，应检查机器的工作部件是否已经安装妥当，特别是抛光垫，应注意将其旋紧，以防针盘或抛光垫安装不牢固给操作人员或机器带来伤害。

（3）抛光垫离开地面后方可启动设备。抛光过程中若转速变慢，应将手柄下压，使抛光机保持正常的转速。

（4）不要将尘推随意摆放，设备不用时应将手柄直立，以防阻塞通道。

（5）作业时，应尽量将电源线放到机器后方，以防电源线缠绕到抛光机内。

（6）放置机器时，针盘应离开地面，以防受压变形。

五、高压水枪

高压水枪也称高压清洗机、高压水射流清洗机，是通过动力装置使高压柱塞泵产生高压水来冲洗物体表面的设备。它能将污垢剥离、冲走，达到清洗物体表面的目的。主要用来对外围石材地面、墙面、地垫等进行清洗作业。

1. 操作步骤

（1）首先检查机器电源线是否完好、开关按钮是否关闭。

（2）将高压水枪放置到作业区域。

（3）将枪柄与高压管连接。

（4）将枪柄与枪杆连接。应根据不同的清洗物选择不同的喷头，清洗车辆、一般地面时，应选择扇形喷头；清洗凝固的污渍时，应选择旋转枪头。

（5）将高压水管与出水口连接。

（6）将水管与进水管连接，并打开水龙头。

（7）开启手柄开关，进行排水、排气。

（8）连接电源。

（9）高压水清洗：设置好高压或低压模式（转动枪柄），将主控开关旋至"1"，打开安全锁控，扣动扳机。此时，机器进入预加压状态，当压力达到规定值时，开始进行冲洗作业。

（10）带清洁剂清洗：设置好低压模式（转动枪柄），拉出清洁剂吸入管放入清洁剂容器中，将主控开关旋至"1"，打开安全锁控，扣动扳机。此时，机器进入预加压状态，当压力达到规定值时，开始进行冲洗作业。

（11）作业完毕后，关闭设备，拔掉电源插头，关闭水龙头，扣动扳机卸压，锁定枪柄，将枪头及水管按要求放好。

（12）将机器清洁干净后放回库房。

2. 保养要求

（1）每次使用后都应将机器擦拭干净，并清洗清洁剂过滤网和清水过滤网。

（2）对于大功率的高压水枪，每次使用前检查机油，并及时更换。

（3）定期通知维修人员对设备进行测试和检查。

3. 注意事项

（1）使用前，检查水管与机体接口处有无漏气现象。

（2）当使用非自来水管中的水时，应检查容器中的水是否干净、无杂物。

（3）操作时，应始终将机体立放在地面上，以防机体倾斜导致水压不足。

（4）操作时，严禁将枪口对着他人、动物及电气元件，以防发生意外。

（5）操作时，水不能喷洒于机体上，以防电机烧坏。

（6）如使用清洁剂清洗，作业完毕后，将清洗剂吸入管拿出放入净水容器中，继续开动机器。

（7）当松开机器的扳机后需再启动时，应停顿 10 秒左右。

第二节　保洁常用工具

保洁工具一般指用于手工操作且不需要电机驱动的清洁用具。

图 3-4　清洁车

一、清洁车

清洁车主要用于放置清洁所需的工具、药剂和物品，如图 3-4 所示。清洁车的使用要求如下。

（1）应按照"便于区分、方便使用"的原则，将工具、药剂及物品放在车上相应位置；金属工具使用完毕后，应将其擦干后放置在车上。

（2）推动清洁车时，应注意靠通道一侧行驶，并观察前面行人及物品放置情况，避免因车速过快而撞到行人或相关物品。

（3）在实施清洁作业时，应将清洁车停放在作业区域的一侧，确保通道畅通。

（4）应定期对清洁车的轮轴进行加油养护，以防止车轮过度磨损而导致清洁车不能正常使用。

二、榨水车

榨水车由榨水桶和榨水头组成，主要用于清洗拖布，并对拖布进行挤压脱水。榨水车的使用要求如下。

（1）向榨水桶加水时，应注意不要加得过满。水量过多，会使换水作业不方便，严重时甚至会导致榨水桶倾倒。

（2）一般情况下，榨水桶内的水以达到桶高 2/3 或 3/5 左右为宜。

（3）在对拖布头进行榨水时，应注意不要用力过猛，以防损坏榨水车部件；此外，在榨水时不要将拖布夹伸入榨水槽里，也不要站在榨水车正前方，以防用力不均损坏榨水头。

（4）一般情况下，用榨水车榨完拖布后，应再用手拧干拖布，以防榨水不彻底而影响清洁质量。

三、铲刀

1. 云石铲刀

主要用于清除大理石面、花岗岩面及陶瓷面上凝固的污渍。

（1）使用铲刀时，铲刀端面应与污渍表面充分接触，并保持适当的角度（切入角一般应 ≤ 45°），避免用局部刀面甚至刀尖接触污渍而划伤物体表面。此类铲刀不能用于玻璃表面的去污作业。

（2）每次使用完毕后，应及时清除刀上的水渍，以防生锈。

2. 油灰铲刀

主要用于清除凝结于地面的水泥灰石。此类铲刀不能用于其他地面的去污作业。

3. 玻璃铲刀

主要由刀片、手柄、保护套组成，用于清除玻璃上附着或凝固的污渍。使用时，应使铲刀端面与玻璃面成 30° 左右角。铲刀使用完毕后应擦拭干净，以防生锈。

请牢记：

其他物体上的污渍，特别是木质、塑料及不锈钢上附着的污渍，不能使用玻璃铲刀铲除。

四、扫帚

1. 长扫帚

主要用于清扫地面较明显的垃圾，一般情况下，配合垃圾斗使用。每次清扫完毕后，应及时清理扫帚上附带的污物；每天工作结束时，应对污染严重的扫帚用水进行清洗，以确保扫帚干净，方便下次使用。

2. 短扫帚

主要用于清扫地面角落的垃圾及尘推罩的附着物，并配合垃圾斗使用。在使用完毕后，也应及时清理扫帚上的污物，以确保下次能正常使用。

五、垃圾袋

主要套在垃圾桶、垃圾篓内，盛装各类垃圾。更换时应注意检查垃圾袋是否有破损，如发现有破损，应在其外面再套一层垃圾袋。

六、簸箕

主要用于放置清扫的垃圾物品。使用完毕后，应将其清理干净。

七、尘推

由尘推杆、尘推架及尘推罩组成，主要用于地面尘土及碎屑的初次清扫。

（1）尘推罩清洗干净并晾干后，应在其表面喷洒相关的除尘剂，以便于后续的清洁作业。

（2）应按照清洁地面的面积及地面摆放的物品来选择相应尺寸的尘推。一般情况下，物业服务企业配有 90 厘米及 60 厘米的尘推，分别用于公共通道、室内办公区及狭窄区域的清扫。

（3）在安装尘推时，应将尘推架固定在尘推杆的相应位置，以防使用时尘推罩局部脱落或转向不方便、不灵活。

（4）不要在有水或黏性物质的区域直接使用尘推罩，应先将水渍、泥土等清除干净，再使用尘推。

（5）在对地面进行推尘作业时，推尘的方向要尽量保持平直，尘推杆与地面尽量保持 45°左右；在进行往返清扫时，应注意保持适当的重叠面（一般为 5～15 厘米），以确保清扫充分。

（6）在作业过程中，应注意查看尘推罩的脏污情况。若发现尘推罩比较脏，应及时清除附着在上面的尘土、杂屑，或更换干净的尘推罩。在清除尘推罩上的污物时，应尽量接近地面，切忌飞扬的尘土污染已清洁的区域。

（7）使用完毕后，应将尘推罩放置于地面，并做好相应的防护，尘推杆应贴于地面放置。

八、防滑警示牌

主要在对地面进行湿拖作业时为过往行人提供安全警示。每次对地面实施湿拖或清洗作业之前，应先将警示牌放置于待清洁区域的醒目位置，以便于行人注意，如图 3-5 所示。待地面干燥后，应及时将防滑警示牌放回原位。

图 3-5　作业时放置警示牌

九、拖布

主要用于地面的清洁。

（1）拖布由拖布夹、拖布头及拖布杆组成。因使用时间过长导致拖布头变得稀疏时，应及时更换。

（2）擦拭地面时，应遵循"先擦边后擦面"的原则，按一定的方向逐行擦拭，以防止漏擦。

（3）在擦拭过程中，应注意观察墙角或物品邻近区域，若发现有漏擦现象，应及时补擦。不要将使用过的拖布头接触已清洁的区域，以防二次污染。

（4）正常情况下，当不能清晰看到榨水桶底的颜色时，更换一次榨水桶的水。

（5）若相关区域的卫生状况较差，则应适当调整拖布头的清洗频次及清洗用水的更换频次。

十、抹布

主要用于清洁室内外的相关物品及设施。

（1）对于不同的工作区域（如公共区域、卫生间等）及不同的物品（如卫生间台面、镜面与坐便器等），应使用不同的抹布。

（2）应采用有效的方法（如不同颜色的抹布）将抹布予以区分，以防混用。

（3）应根据待清洁物品的面积，将抹布折叠成相应的抹布块进行擦拭；对表面尘埃较多或污渍较明显的部位，应使用湿抹布进行擦拭；对卫生状况较好的物品，可用干抹布进行擦拭。

（4）擦拭物品时，应按一个方向一次擦拭完毕，不要来回擦拭；当抹布较脏时，应及时换面，以确保清洁效果。

十一、百洁布

主要用于面盆、洗浴设施及便池的去污作业。

（1）一般情况下，应使用绿色的百洁布擦拭面盆、洗浴设施。

（2）对于便池，应使用其他颜色的百洁布进行清洁。

（3）当对不同物品清洁完毕后，应注意将百洁布分类放置在清洁车的指定位置。

十二、老虎夹

主要用于天花板或不便清扫区域的保洁作业。

（1）应先将干净的湿布折叠整齐后固定在老虎夹上，然后按一定的方向擦拭天花板或其他区域。

（2）当发现抹布脏污时，应及时更换或清洗。

（3）对于不易清除的污渍，应在抹布上喷涂清洁剂进行擦拭。在清除污渍的过程中，用力应适度，以免因用力过大导致天花板错位或变形。

（4）使用完毕后，应将老虎夹平放在地面或相关物体上，以防摔坏。

十三、玻璃涂水器

主要由支架和吸水头组成，用于玻璃的清洗作业。

（1）先将涂水器在水中浸湿，然后将玻璃表面全部擦洗润湿。应注意，涂水器上残留的水量不宜过多，以防止滴漏而污染门窗及地面等区域。

（2）对玻璃进行初次擦洗后，应用清水清洗涂水器，然后视玻璃的脏污程度，在涂水器表面均匀喷涂适量的玻璃清洗剂，对玻璃进行全面擦拭。

（3）用清洗剂擦洗完毕后，应对涂水器进行再次清洗，并用清水对玻璃再次进行擦拭，直至玻璃表面无可见污渍。

（4）在进行涂水作业前，应做好地面、窗台的防护，以免水流到相关区域产生污染。

十四、玻璃刮

主要由手柄、卡条和橡胶条组成，用于玻璃的清洁作业，如图 3-6 所示。

（1）作业时，应按照从上到下、从左至右的方向对玻璃进行擦拭，且不宜停顿；每次擦拭完毕后，应及时用抹布擦去玻璃刮边缘的水渍。

（2）在对清洁面进行反复擦拭时，应注意保持适当的重叠面，以防产生水痕或水渍。

（3）玻璃刮使用完毕后，应将橡胶面向上放置，以防止变形。

图 3-6　用玻璃刮清洁玻璃

第三节　保洁清洁剂

一、清洁剂目录表

在物业保洁工作中，正确使用清洁剂，是提升清洁效果的重要保证，所以，保洁人员应了解各种清洁剂的性能和使用方法。

保洁清洁剂分为常用清洁剂、辅助清洁剂和特殊清洁剂。常用清洁剂可根据其化学成分分为酸性、中性、碱性三种，也可根据作用分为清洁类、保养护理类和综合类，如表 3-1 所示。

表 3-1　清洁剂目录表

常用清洁剂				辅助清洁剂	
序号	清洁剂名	序号	清洁剂名	序号	清洁剂名
1	全能碱性清洁剂	24	清洁磨光蜡	1	洗衣粉
2	全能酸性清洁剂	25	强力洗石水	2	洗洁精
3	中性消毒清洁剂	26	高级化泡剂	3	香晶球
4	洁厕剂	27	万能清洁膏	4	消毒液
5	去污粉	28	水锈净	5	消洗灵
6	万能除胶剂（香口胶溶剂）	29	全能免抛面蜡	6	灭害灵
7	洁而亮	30	底蜡		
8	擦铜水	31	喷磨保养蜡		
9	除油剂	32	强力起蜡水		
10	空气清新剂	33	特效地毯去渍剂		
11	静电除尘剂	34	高泡地毯清洁剂		
12	不锈钢光亮剂	35	低泡地毯清洁剂		
13	玻璃清洁剂	36	干泡地毯清洁剂		
14	洗手液	37	铝塑板清洗剂		
15	强力清洗剂	38	氯漂白粉（白漂）		
16	石材表面防渗透剂	39	氧漂白粉（彩漂）		
17	碧丽珠	40	蓝威宝		
18	高亮度大理石结晶粉	41	家具清洁剂		
19	高亮度大理石结晶浆（1）	42	除臭剂		
20	高亮度大理石结晶浆（2）	43			
21	高亮度石材晶硬剂	44			
22	花岗石结晶组合	45			
23	花岗岩二合一晶面处理剂	46			

二、全能碱性清洁剂

全能碱性清洁剂适用于一切不宜清洗的硬质表面，尤其是外墙瓷砖及地板。一般污渍，按照 1:(40～60) 兑水清洗，顽固污渍与油胶，按 1:5 兑水，涂在待清洗表面，反应 2 ～ 3 分钟后，用机械或人工刷洗即可。使用时应注意以下两点。

（1）避免接触眼睛，若不慎接触，立即用大量清水冲洗。

（2）切勿入口，使用时最好戴上口罩和橡胶手套等进行防护。

三、全能酸性清洁剂

全能酸性清洁剂广泛用于浴室、尿槽、马桶、水槽及地面污渍的清洗。按照 1 :（10 ～ 30）兑水，涂在物体表面，反应 5 分钟左右刷洗干净即可。若遇特别严重的污渍，调整兑水比例或使用原液。使用时应注意以下两点。

（1）本品呈酸性，切忌与金属接触，避免把金属腐蚀。

（2）避免与皮肤、眼睛接触，若不慎接触，立即用大量清水冲洗。切忌入口，使用时最好戴上口罩和橡胶手套等进行防护。

四、中性消毒清洁剂

中性消毒清洁剂可以一次性实现消毒、清洁、除臭等功能，适用于医院、学校、办公楼、食品生产车间、商场、酒店，亦可家用，可去除地面、墙面、镜面、陶瓷、硬塑料等硬质表面的脏物。按照 1 :（30 ～ 60）兑水，涂在物体表面，等待 10 分钟左右，然后冲洗并风干。如果地面不上蜡，则无须冲洗。使用频率应为一个星期一次。

五、洁厕剂

洁厕剂用于卫生间尿槽及抽水马桶、坐厕等的清洁。按 1 :（15 ～ 20）兑水涂于物体表面，作用 3 ～ 5 分钟，用刷子刷洗后清水过净即可。如遇严重污垢，可适当调整兑水比例。使用时应避免其溅入眼睛，否则，立即用清水冲洗，同时戴上橡胶手套等进行防护。

六、去污粉

去污粉能清除陶瓷、搪瓷、玻璃、塑料、金属制品表面的污垢及油脂，对厨房门窗、灶台、抽油烟机及餐厅地面的重油污效果极佳。将物品表面先用水润湿，再用少量去污粉擦拭，然后用水冲洗即可。

七、万能除胶剂（香口胶溶剂）

万能除胶剂（香口胶溶剂）适用于地毯、地板、墙壁及玻璃面胶渍的清理。将万能除胶剂（香口胶溶剂）喷洒于胶渍处，等待 5 ～ 10 分钟，用抹布或铲刀轻擦即可除去。如有口香糖附在地毯上，可将本品喷洒在抹布上，在胶渍残渣上由外向内擦抹，使胶块逐步剥离，然后用清水将地毯上多余的溶剂除去，即可使地毯恢复干净。

八、洁而亮

洁而亮适用于不锈钢（亚光）、台面、金属水龙头、浴缸、洗手盆、淋浴盆等物体表面的清洗。将洁而亮挤在海绵、湿布或污渍表面，抹拭过水即可。对付顽固污渍，可多次擦拭过水。因洁而亮内含磨砂成分，应避免用在光洁度较高和质地较软的物体表面。直接使用时，应选择隐蔽的地方小面积试用，如无损伤，再进行大面积使用。

九、擦铜水

擦铜水主要用于铜、锌、锡和金银制品表面，具有清洁、除锈和洁亮之功效，可恢复金属制品的光泽。用软布或海绵沾上擦铜水，在金属表面反复擦拭，然后用干净湿抹布擦净即可。使用前必须用力摇均匀擦铜水。

十、除油剂

除油剂适用于厨房设施、地面及餐厅地面油污的清洁。普通污渍，按照 1 :（6 ～ 10）兑水，然后喷洗、擦洗及刷洗油污；重度污渍，使用原液涂于表面，反应 5 ～ 10 分钟，然后刷洗掉油污。

十一、空气清新剂

空气清新剂可去除卫生间、会议室、办公室、电梯大堂等区域的异味。将空气清新剂均匀喷洒于空气或臭源处，15 平方米左右的空间一般喷 2 ～ 3 下，每隔 2 小时喷洒一次。对于卫生间可加大喷洒剂量和喷洒频率。

十二、静电除尘剂

静电除尘剂能够有效去除地面污渍及灰尘，对地面起到清洁和保护作用。同时，也能用于墙壁、塑料、金属、漆面、水磨石、大理石表面的清洁。将静电除尘剂均匀地喷于干净、干燥的尘推上，然后将尘推装入塑料袋封闭4个小时以上，在其完全干透后再使用。

十三、不锈钢光亮剂

用于不锈钢制品的清洁保养，可防止不锈钢表面氧化、腐蚀。将不锈钢光亮剂直接喷于物体表面或干净的纯棉抹布（适量）上，进行来回擦拭、抛光处理即可。

十四、玻璃清洁剂

玻璃清洁剂用于清洁窗户、镜子、铝制品、树脂玻璃、瓷砖、塑料及其他硬质表面。可将玻璃清洁剂喷在物体表面或擦玻器、抹布上，进行擦拭清洁。对于树脂玻璃和较软物体表面，应先将表面的颗粒状脏物冲走，而且只能用软布擦拭。

十五、洗手液

洗手液是洗手间的必备物品，一般存放于皂液器中。保洁人员使用洗手液时，要严格按相关规定，注意不要溅到眼睛里。

十六、强力清洗剂

强力清洗剂适用于花岗岩、瓷砖等抗酸性建材，不能与含氨清洗剂混合使用，也不能用于大理石、石灰石表面。先将物体表面用水润湿，最大限度地降低酸对瓷砖和石材的影响。然后将强力清洗剂按1：5稀释（根据污染程度可调整稀释浓度），涂抹在物体表面。反应3～5分钟（视污染程度可延长反应时间）后，用机械或尼龙刷进行刷洗。使用前，应先在隐蔽处试用，看是否有不良反应。

十七、石材表面防渗透剂

石材表面防渗透剂可用丁室内外各种天然材质地面，包括大理石、化岗岩、石灰石、石板、板岩、无釉瓷砖、混凝土等，也可用于室内厨房、工作台、浴室、浴盆等部位。

（1）地面准备工作

使用石材表面防渗透剂前，必须保证地面干燥清洁。因此，要先用中性清洁剂除去地面上的蜡质及其他附着物。对于新铺的地面，必须待其彻底干燥后，再使用中性清洁剂进行清洁。使用石材表面防渗透剂前，应先找隐蔽的地方试用，以确保使用效果。

（2）使用

用蜡拖、抹布、海绵或喷壶将石材表面防渗透剂均匀地施于地面，渗透15分钟后，再将未吸干的液体擦去。若本品无法渗入地面，需检查地面有无封地剂。使用间隔为30分钟左右，使之干透后才能进行抛光处理。

十八、碧丽珠

碧丽珠适用于木制品、家具、书桌、写字台、皮革（沙发、椅子）、家用电器外壳、办公设备等物体表面。可将碧丽珠直接喷在物体表面，再用干净的抹布（纯棉）进行抛光处理。

十九、高亮度大理石结晶粉

高亮度大理石结晶粉可用于大理石、石灰石、水磨石及其他抛光石材表面。

（1）配制：按1份结晶粉加1份水的比例调匀结晶粉。

（2）准备：用塑料布保护周围的家私、金属制品、地毯等，并除去石面上的蜡质及其他附着物。给单盘刷地机配以红色或白色抛光垫。

（3）结晶：用单盘刷地机将粉水混合物均匀涂于工作区域，然后左右缓慢移动机器研磨石面，直到粉水混合物接近磨干（每平方米石面需磨3～4分钟，无须完全磨干）。

（4）清洗：结晶完成后，用吸水机收集残留结晶粉浆，并彻底清洗石面。

二十、强力洗石水

强力洗石水可用于混凝土、水磨石、大理石、方砖、水泥、瓷砖、钢质、油漆地及其他硬质表面。按一定比例稀释后，可作为全能清洁剂使用。

（1）根据污渍严重程度，调整兑水比例。一般性清洁，为1∶64或1∶128兑水；

强力清洁为 1∶8 兑水；去除轮胎痕迹为 1∶4 兑水。

（2）用海绵、地拖、刷子、喷壶、发泡机或自动洗地机将稀释后的强力洗石水施于物体表面。对于严重污渍，可延长强力洗石水的停留时间，但不要等其干透。然后用单擦机配以钢丝刷、尼龙刷或研磨垫将其擦除。

二十一、水锈净

水锈净适用于宾馆、酒店、医院、工厂及公共场所容易产生水垢区域的清洗。可根据水垢严重程度，将水锈净原液或稀释液洒在需清洁物体表面并作用片刻，用刷子稍刷后再用清水冲洗干净。

二十二、特效地毯去渍剂

特效地毯去渍剂含有独特的乳化洁净因子，去污力较强，能够迅速有效去除水溶性及油溶性污渍，如咖啡、可乐、汽水、菜汤、唇膏等污渍。

二十三、高泡地毯清洁剂

高泡地毯清洁剂由多种表面活性剂复配而成，具有超强的清洁能力，能够有效清除地毯上的各种污渍。高泡地毯清洁剂中特有的保护成分，不会损伤地毯纤维，清洗后令地毯洁净如新、蓬松柔顺，无残留物，适用于长短毛毯、尼龙或混纺地毯。可用 1 份本品兑 12 份清水，加入刷地机水箱进行刷洗。

二十四、低泡地毯清洁剂

低泡地毯清洁剂由多种表面活性剂、纤维保护剂和织物柔软剂经过独特工艺精制而成，去污力强，清洗后令地毯洁净光亮、柔软如新，如配合蒸汽式洗地毯机使用，效果更佳，适用于各种毛毯、尼龙或混纺地毯。可用 1 份本品兑 12 份清水，加入洗地毯机水箱进行刷洗。

二十五、干泡地毯清洁剂

干泡地毯清洁剂是一种专业的地毯清洁剂，适用于不同类型的地毯，无漂白作用。含除味剂、防霉剂及增白剂，清洗后地毯不会因湿润而发臭发霉，同时能恢复地毯本来色泽。干泡地毯清洁剂的稀释比例为 1∶15，pH 值为 6.5～7.5。

第四节 消杀药剂

一、悬浮剂

悬浮剂又称浓悬浊剂、流动剂、水悬剂、胶悬剂，是难溶于水的固体农药与助剂经过研磨后分散在水介质中形成的悬浊液。

1.功效

悬浮剂是一种高击倒性滞留喷洒杀虫剂，药效主要是通过触杀和滞留来实现。悬浮剂杀虫主要有两种途径：一是通过直接喷洒而产生触杀效果；二是当害虫接触喷洒过悬浮剂的物体表面，悬浮剂通过滞留杀虫。它既能迅速杀死害虫，又能保持相当长时间的药效，可迅速消灭大量害虫。

悬浮剂滞留在物体表面，保持着杀虫活性，并能防止害虫再侵袭。它的药效持续时间取决于药剂量、害虫数量、物体表面类型以及温度、光照强度等因素。

2.配比流程

应按照药品说明进行配比，具体的流程如图 3-7 所示。

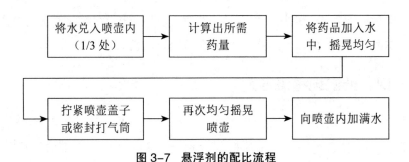

图 3-7 悬浮剂的配比流程

3.使用注意事项

使用悬浮剂时，应注意以下事项。

（1）做好安全防护，避免接触眼和皮肤，避免吸入悬浮剂喷雾。

（2）用喷雾器喷洒时，应穿着棉制防护衣裤，扣紧颈部和手腕处，戴上口罩、耐洗的帽子和长及肘部的 PVC 手套。使用后必须洗手。

（3）每次使用后，要清洗手套和受污染的衣服。

 请牢记：

　　喷药时，非工作人员应离开现场。室内喷药后需开窗通风。

二、水乳剂

　　水乳剂是将液体或与溶剂混合而成的农药以 0.5～1.5 微米的小液滴分散于水中的外观为乳白色牛奶状液体，具有杀虫广泛、击倒性强、无异味、不腐蚀物件等优点。它使用方便，药效长达 5 天，不含有机溶剂（二甲苯），对人和动物皮肤、眼睛无刺激；稳定性强，存放 3 年不分层，对环境更安全。

1. 配比比例

　　水乳剂呈雾状细微颗粒，可 100 倍左右稀释喷洒。灭蚊蝇的浓度为每平方米 22.5 毫升，灭蟑螂的浓度为每平方米 50 毫升。可空中喷洒，3～5 分钟后即可彻底处理干净。常用于傍晚或夜间害虫频繁活动的时段。初次处理害虫时可使用高浓度水乳剂，以后处理可降低浓度。一般 15 天以后进行下一次处理，可根据害虫密度调整处理时间。

2. 配比流程

　　应按照药品说明进行配比，具体的流程如图 3-8 所示。

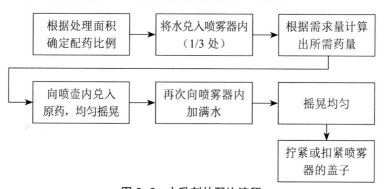

图 3-8　水乳剂的配比流程

 请牢记：

　　水乳剂主要喷洒于飞虫密度过高的区域。兑水使用后，药效会减弱；药品喷洒处应尽量避免用水冲洗，以保持药效。

学习笔记

通过学习本章内容，想必您已经有了不少学习心得，请详细记录下来，以便后续巩固学习。如果您在学习中遇到了一些难点，也请如实记下来，以便今后进一步学习，彻底解决这些问题。

我的学习心得：

1. _____
   _____
2. _____
   _____
3. _____
   _____
4. _____
   _____
5. _____
   _____

我的学习难点：

1. _____
   _____
2. _____
   _____
3. _____
   _____
4. _____
   _____
5. _____
   _____

第四章　物业日常清洁作业

>>>> 培训指引

　　物业日常清洁作业涉及物业范围内的所有公共区域，包括但不限于：道路与广场、楼道与楼梯、绿化带与景观区、公共设施、共用部位。清洁作业内容包括地面清洁、垃圾处理、卫生间清洁、玻璃清洁、消毒与杀菌等。通过规范的物业日常清洁作业，可以确保物业区域环境整洁和美观，提升业主的居住体验和满意度。

第一节　清扫除尘

一、门窗除尘

门框、窗户边框等部位除尘，要使用抹布、水桶、刷子等工具，主要采用表面擦拭的方法。门窗除尘的步骤如图4-1所示。

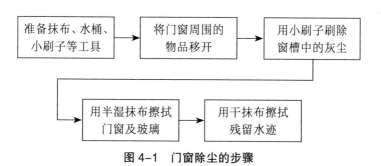

图4-1　门窗除尘的步骤

二、地面清扫

1. 清扫方法

常见的清扫方法有按扫、弹扫、浮扫、推扫，各自的操作要点如表4-1所示。

表 4-1　各种清扫方法的操作要点

序号	方法	具体说明
1	按扫	（1）稍用臂力按着扫帚清扫地面，以除去表面的浮尘 （2）向下用力按压时，清扫速度要慢，以防浮尘飞散
2	弹扫	（1）用于地垫、细缝处灰尘的清扫 （2）可将扫帚的一头对着污物向外上方扫，通过弹力把作业面上的污物带走
3	浮扫	（1）用于绿地、草坪上杂物的清扫，清扫前，要先把草坪上的较大杂物、垃圾清理掉 （2）清扫时，将扫帚头稍微浮起，力度要小
4	推扫	（1）多用于广场、马路等区域的清扫，一般使用竹扫帚 （2）双手下压扫帚往前推扫，并将各种垃圾推扫到一起，然后再收集处理 （3）推扫是比较粗略的清洁，事后可使用塑料扫帚细细地扫净

2. 室内清扫

室内清扫可按以下步骤进行，如图 4-2 所示。

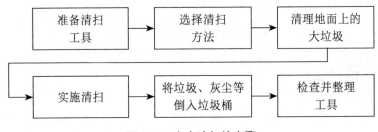

图 4-2　室内清扫的步骤

3. 楼梯清扫

清扫楼梯要使用塑料扫帚、簸箕等基本工具，具体作业时应注意以下事项。

（1）要依照从高到低的顺序，倒退着进行清扫。必须一步一个台阶，不能大步倒退，以免摔倒。

（2）如果楼梯间较暗，要开灯清扫。

（3）清扫出的灰尘、垃圾要扫入簸箕，垃圾较多时要及时倒掉。

三、天花板除尘

对于天花板、吊平顶等高处区域蜘蛛网、灰尘的清扫，要使用梯子、刷子、大张帆布等物品，具体的清扫步骤如表 4-2 所示。

表 4-2 天花板除尘的步骤

序号	阶段	操作要点
1	作业前	（1）备齐所需物品，并检查其是否完好 （2）将告示牌放置在工作区域显眼的地方 （3）把帆布铺放在工作区域。如果可能，将家具移开，并盖上帆布 （4）将梯子摆好，并由专人扶稳
2	作业中	使用毛刷将尘网刷去，对于蜘蛛网较多的角落，要用清洁剂进行擦拭，并喷洒消毒液
3	作业后	（1）将梯子、告示牌、帆布等移开，并将地面清扫干净 （2）将所有物品收齐，清理后放回指定位置

 请牢记：

在进行天花板除尘时，保洁人员要使用眼罩。如果需使用施工架，保洁人员还必须系好安全带，以防天花板脱落造成危险。

四、公共区域除尘

1. 公共区域的范围

公共区域主要是指道路、广场、绿地等，除尘方式主要是清扫。在清扫前，保洁人员要检查各工具是否完好。

2. 公共区域除尘工具

在清除道路垃圾时，常使用扫帚、铁钎、夹子（或捡拾器）、铁锨等工具，如表 4-3 所示。

表 4-3 公共区域除尘常用工具

序号	工具	主要用途
1	扫帚	着地面大，经久耐用，多用于道路、广场的大范围清扫
2	铁钎	（1）是 1 米左右长的铁棍，一端弯成钩状 （2）用于扎起或勾起地上的片状、块状垃圾
3	夹子 （捡拾器）	（1）用于夹起烟头、纸屑等小块垃圾，尤其是缝隙中的垃圾 （2）使用时，依靠手的握力控制夹子的开合，将小块垃圾捡起
4	铁锨	用于收集大片的垃圾，并将垃圾装入车中

3. 道路清扫

保洁人员清扫道路的步骤，如表 4-4 所示。

表 4-4　道路清扫的四大步骤

序号	清扫步骤	具体说明
1	清扫路面	（1）一只手握在距扫帚把顶端 2/3 处，手心朝下；另一只手握在距扫帚把顶端 1/3 处，手心朝上，身体向前微倾，用力清扫 （2）道路两侧均为硬质边际时，应站在中间向左右两个方向将垃圾扫至墙根或路牙下 （3）道路一侧为硬质边际，另一侧为绿地时，将垃圾单方向扫至路牙下
2	清扫路牙、墙根	（1）一只手握在距扫帚把顶端 1/3 处，手心朝上；另一只手握住距扫帚把顶端 1/2 处，手心朝下 （2）站在距墙根或路牙 1 米左右处，交替清扫，将垃圾扫成堆
3	清扫树坑	（1）将树坑上的覆盖物移开，将垃圾扫出，然后将覆盖物放回原处 （2）如果只有烟头、塑料袋等垃圾，可直接用夹子、铁钎等工具将垃圾取出
4	垃圾装车	先把轻质垃圾如塑料袋、树叶等装车，再装灰土等垃圾

第二节　地面清洁

一、室内地面清洁

室内地面的清洁可采用拖擦或机器清洗。

1. 使用拖把

将地面的垃圾、灰尘清扫后，就可以使用拖把进行拖洗了。具体操作时，要遵循先角落后中间、由内到外的顺序，如果地面较脏，要重复擦洗。

 请牢记：

在拖洗地面时，保洁人员要将鞋底擦干净或穿上雨鞋。拖洗完后，要将脏拖把清洗干净并晾干理顺，以便下次使用。

2. 使用洗地机

如果室内地面的面积较大，则可使用洗地机进行清洗。

二、室外地面清洁

室外公共区域地面包括道路、绿化带等，具体的清洁要点为：

（1）每天两次，用扫把、垃圾斗对路面、绿地进行彻底清扫，清除上面的果皮、纸屑、树叶和烟头等杂物。

（2）用铲刀清除地面上的口香糖等杂物。

（3）对垃圾箱进行清洁，用长柄刷子沾水刷洗。

（4）垃圾房附近地面，每天用水冲洗两次，每周用洗洁精刷洗一次。

（5）地面要每周冲洗一次，可使用清洁水车，但绝不能使用消防用水。

三、不同地面清洁的操作规范

地面有不同种类，如广场砖地面、沥青地面、水泥地面、地砖地面、花岗岩地面等，对不同的地面在进行清洁时，要有所区别。

下面提供一份××物业管理处不同地面清洁的操作流程，仅供参考。

【范本 4-01】▶▶▶ -

不同地面清洁的操作流程

序号	地面类型	清洁操作流程
1	广场砖地面	（1）准备好扫把、拖把、铲刀、垃圾袋等保洁工具 （2）用扫把将地面上的垃圾清扫干净，并将垃圾倒入垃圾桶内 （3）如发现广场砖发生破裂或松动，应及时向保洁班长反映，并记录在保洁工作日记中；工程人员应及时更换破裂的广场砖，或将松动的广场砖进行加固 （4）如在打扫中发现广场砖上有口香糖等黏附物，应用铲刀沿口香糖边缘将其轻轻刮起，并放入已准备好的垃圾袋内 （5）如在打扫中发现广场砖上有水泥污渍，应用铲刀将其轻轻刮起。如刮不掉，可用稀释的盐酸将水泥溶解，并迅速用水冲掉，然后用拖把将水迹擦掉 （6）保洁工作结束后，将工具带回工间，将铲刀用水进行彻底清洗，并用干抹布抹干、晾干，然后妥善保存，以备下次使用

续表

序号	地面类型	清洁操作流程
2	沥青地面	（1）每天对沥青地面进行彻底清扫，并将清扫出的垃圾倒入垃圾桶内 （2）发现沥青地面有油污时，应及时用清洁剂清洗。先将一定比例的清洁剂倒在油污上，然后用抹布轻轻擦除，如一次擦不掉，可反复进行擦洗。擦洗完毕，用清水进行冲洗，然后用抹布将水迹擦干 （3）用铲刀清除沥青地面上的口香糖等杂物，并放入准备好的垃圾袋 （4）下雨天应及时清扫地面，确保沥青地面无积水，以防路人跌倒 （5）旱季每月冲洗一次地面，雨季每半月冲洗一次地面；冲洗后，应及时清除路面的水迹 （6）沥青地面的清洁标准： ① 目视地面无杂物、无积水、无明显污渍、无泥沙 ② 人行道路面干净，无污迹、无杂物、无垃圾和痕迹 ③ 路面垃圾滞留时间不能超过1小时 （7）将工具放回工具间，将铲刀用清水冲洗，并用干抹布抹干、晾干，以备下次使用
3	水泥地面	（1）用扫把扫干净水泥地面上的杂物，若灰尘较大，可先洒水再清扫 （2）在打扫中发现水泥地面有开裂现象，应及时报告保洁班长，并记入保洁日记中 （3）对于水泥地面开裂，应采取以下措施： ① 准备好铲刀、泥桶等 ② 将石灰搅拌成泥浆，用铲刀将泥浆沿开裂处填补，并保持修补后的地面平整 ③ 在修补的水泥地面附近放上告示牌，待水泥干透后再拿掉 （4）在夏季打扫时，可多洒些水，以免水泥地面开裂 （5）对于水泥地面上的杂物如口香糖，应用铲刀铲去，并放入准备好的垃圾袋中 （6）对于水泥地面上的水泥缝，在打扫时要注意去除里面的杂物 （7）遇到雨雪天气，要及时打扫，以防积水、积雪造成过往行人跌倒 （8）水泥地面的清洁标准： ① 目视地面无杂物、无积水、无明显污渍、无泥沙 ② 行人路面干净，无污迹、无杂物、无垃圾和痕迹，每200平方米痕迹控制在1个以内 ③ 路面垃圾滞留时间不能超过1小时
4	地砖地面	（1）准备好扫把、拖把、铲刀、垃圾袋等保洁工具 （2）用扫把将地面上的垃圾清扫干净，并倒入垃圾桶内 （3）如在打扫中发现地砖破裂或松动，应及时向保洁班长反映，并记录在保洁工作日记中。工程人员应及时更换破裂的地砖 （4）如在打扫中发现地砖上有口香糖等黏附物，应用铲刀沿口香糖边缘轻轻将其刮起，并放入已准备好的垃圾袋内。禁止用脚将口香糖踩掉，以免破坏地砖表面

续表

序号	地面类型	清洁操作流程
4	地砖地面	（5）如在打扫中发现地砖上有水泥污渍，应用铲刀将其轻轻刮起。如刮不掉，可用稀释的盐酸将水泥溶解，并迅速用水冲掉，然后用拖把将水迹擦掉 （6）保洁工作结束后，将工具带回工作间，将铲刀用水进行彻底清洗，并用干抹布抹干、晾干，然后妥善保存，以备下次使用
5	花岗岩地面	（1）日常清洁保养 ① 扫净后用拖把将地面拖干净，每天拖2次 ② 将吸尘剂喷在尘推上，对花岗岩地面进行推尘，每天数次 ③ 对污染较重部位，应用稀释的盐酸清洁，清洁完毕后应立即用清水冲洗，并擦干水迹 （2）每月用擦地机、百洁垫、清洁剂全面清洗花岗岩地面一次 （3）操作时应注意： ① 使用稀释的盐酸清洁时，注意不要腐蚀金属设施 ② 全面清洗花岗岩地面应在晚间进行，以防打扰业主正常休息 （4）花岗岩地面清洁保养的标准：目视花岗岩地面洁净、光亮

第三节　墙壁清洁

一、瓷砖、喷涂和大理石墙面清洁

瓷砖墙面、喷涂墙面和大理石墙面的清洁程序如图4-3所示。

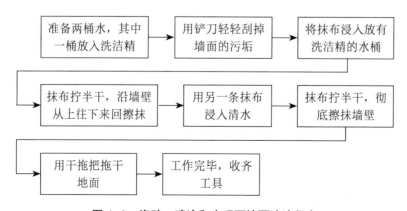

图4-3　瓷砖、喷涂和大理石墙面清洁程序

> 💡 **请牢记:**
>
> 用铲刀刮除墙面污垢时，不能刮伤墙面。如果墙壁污迹较重，用抹布清洗后还要用短柄刷刷洗。

二、乳胶漆墙面清洁

乳胶漆墙面的清洁程序如图 4-4 所示。

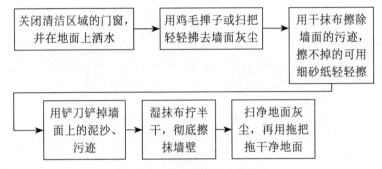

图 4-4　乳胶漆墙面清洁程序

清洁乳胶漆墙面时，保洁人员应戴好帽子、口罩和眼镜，并扎紧工作服的领口、袖口。

三、外墙面清洗

外墙面经过长时间的风吹雨打，需要定期进行冲洗。

1. 清洗设备

外墙面清洗是一项高难度的工作，且危险性较大。在清洗前，保洁人员要检查各种设备、工具是否完好。常见的外墙清洗设备如表 4-5 所示。

表 4-5　外墙清洗常用设备

序号	设备	使用说明
1	生命绳、安全绳、工作绳	（1）生命绳与安全绳都是由锦纶制成的直径为 18 毫米左右的绳索 （2）工作绳主要连接吊板的活络结，构成高空作业的吊板组件 （3）工作绳与安全绳的使用年限为一年，不得超期使用，如果有磨损，要停止使用 （4）工作结束后应将工作绳与安全绳盘好，以免发生扭曲，并放于干燥的地方，定期进行干燥处理

序号	设备	使用说明
2	吊板	由防滑座板与吊带组成。在使用前应检查其抗拉强度，若存在裂纹，应及时更换
3	安全带	（1）由两根肩背带、一根腰带和两根腿带组成，通过自锁钩与生命绳连接 （2）对安全带的肩背带、腰带和腿带的连接应十分注意，若发生断线、脱线等情况，应及时更换
4	下滑扣	（1）由直径16毫米的圆钢制成的带有螺栓销的U形扣 （2）主要连接吊板的吊带与工作绳，工作绳在下滑扣里形成活络结，使作业人员在吊板上能够安全下降 （3）打活络结时，螺栓销要拧紧
5	自锁钩	由不锈钢板制成，连接作业人员身上的安全带与生命绳，必须灵活可靠

2. 清洗方式

（1）吊板清洗

① 作业前的准备。采用吊板清洗时，在作业前要做好充分的准备工作，具体如表4-6所示。

表4-6 作业前的准备事项

序号	准备工作	具体事项
1	准备工具	准备吊板、安全绳、水枪、水管、抹水器、刮水器、清洗滚筒、抹布、板刷、百洁布、铲刀、吸盘以及清洁剂、溶剂等工具及物品
2	勘查现场	（1）建筑物顶部必须有固定吊板绳和安全绳的牢固构件，绳子下垂经过位置不得有尖锐棱角 （2）高压电源区无法隔离时，不得进行作业 （3）天气条件必须满足要求，大风（风力大于3级）、雨雪、高温、低温等天气都不能作业
3	安全检查	（1）检查吊板绳、安全绳有无损伤或断股 （2）检查坐板有无裂纹、吊带是否反兜、坐板底面及吊带有无损伤 （3）确认高空下吊人员每人一根吊板绳和一根安全绳 （4）检查高空下吊人员的保险带有无损伤 （5）检查吊板绳、安全绳在建筑物顶部的绑扎是否牢固，吊板绳、安全绳在建筑物顶部的绑扎固定部位必须是独立的两处

序号	准备工作	具体事项
3	安全检查	（6）检查吊板绳、安全绳经过建筑物顶部"女儿墙"直角转折处时是否垫有衬垫 （7）检查作业人员的着装是否符合以下要求：头戴安全帽；身着长袖工作服和长工作裤，腐蚀性环境应穿耐腐蚀工作服；脚穿软底胶鞋，腐蚀性环境应穿防腐蚀工作鞋 （8）检查作业人员佩戴的工具是否与保险带常用绳索相连接

💡 **请牢记：**

在作业现场的地面区域应设置围栏形成安全区域，并安排一名地面安全员，阻止行人通行。如未安排地面安全员或未设置围栏，则应停止作业。

② 清洗作业。采用吊板清洗的作业步骤如表 4-7 所示。

表 4-7 吊板清洗作业步骤

序号	作业步骤	具体说明
1	安全着装	（1）作业人员穿工作服，戴安全帽，并系好安全带 （2）系上自锁钩，系好下滑扣，同时紧固吊板扣子
2	吊板下放	楼上监护人员将吊板下放，作业人员检查吊板是否牢固，并坐于规定位置，将清洗用具连在吊板上
3	清洗墙面	用水枪对准工作位置喷水，先除去灰尘，再使用抹水器、刷子等刷洗墙面或玻璃面。根据作业需要，缓慢下滑至下一个作业点继续作业
4	降落着地	作业完毕，降至地面后，清理现场并整理工具

在整个作业过程，安全员必须自始至终在现场监督。

（2）吊篮清洗

吊篮清洗，即在作业时，人员站在吊篮内，随吊篮移动，清洗墙面的不同区域。

① 准备工作。重点检查屋顶状况，确认能否安装吊篮，吊篮在屋顶移动有无障碍，霓虹灯、广告牌等是否妨碍作业等，并确定作业方案。此外，作业时需由两名作业人员携带清洗工具和用品进入吊篮。

② 安全检查。主要检查吊篮各部位如吊篮紧固件、连接件、提升机、安全保

护装置、钢丝绳电缆线等是否完好，确认无安全隐患后方可工作。其他检查事项与吊板清洗基本一致。

③ 操作过程。与吊板清洗作业一样，要先除尘再清洁。不同的是，当纵向从上到下吊篮清洁完毕后，再横向向左或向右移动至相邻位置，从上到下清洁。

第四节 电梯清洁

一、升降电梯的清洁

升降电梯的清洁要领如表 4-8 所示。

表 4-8 升降电梯的清洁要领

序号	基本要点	操作说明
1	操作准备	（1）准备清洁工具，如抹布、清洁剂、拖把等 （2）让电梯停止运行，打开电梯门 （3）在电梯门口放置"正在清洁"指示牌
2	轿厢内壁清洁	（1）将抹布浸水后拧干，沿内壁从上往下来回擦拭，然后用干净抹布将内壁来回轻擦 （2）用半干湿抹布擦拭电梯按钮、显示屏，并进行消毒 （3）如果轿厢内壁是不锈钢镜面，只能用干抹布擦拭或油擦
3	轿门沟槽清洁	使用吸尘器将沟槽内的灰尘、沙粒等吸除干净，然后用干净抹布在内槽来回擦拭
4	轿厢地面清洁	（1）如果地面是地毯，要使用吸尘器 （2）如果地面不是地毯，要先用湿拖把与清洁剂拖擦，再用清水拖擦，最后用干拖把将水迹擦净
5	轿厢门清洁	（1）轿厢门多为不锈钢材料，清洗时要先喷上不锈钢保养剂 （2）先用棉质软毛巾从上往下擦拭，然后用半干湿抹布擦拭轿厢门的塑料、胶条等区域

 请牢记：

清洁完成后，要检查整个轿厢是否有遗漏。如果确认清洁干净，要整理清洁工具，收起指示牌，恢复电梯的正常运行。

二、自动扶梯的清洁

自动扶梯清洁前，要准备好清洁工具与用品，并在上下着陆区放置"正在清洁"的告示牌。清洁时要按照从上到下，先扶手带，再护板，后步梯的顺序进行。

自动扶梯的清洁要点如表4-9所示。

表4-9　自动扶梯的清洁要点

序号	清洁区域	清洁要点
1	扶手带	可喷洒少许清洁剂，先用湿抹布用力擦拭，过清水后再用湿抹布抹擦，最后用干抹布擦净水迹
2	侧面护板	可使用少许清洁剂，先用湿抹布擦拭，过清水后再用干抹布擦净
3	着陆区	将拖把浸入有清洁剂的水中，拧干后，用力来回拖擦
4	梯步	（1）将清洁剂稀释后灌入喷壶中 （2）将扶梯开启运行，并把刷盘放在梯步的平面上，将溶液均匀地喷洒在刷盘上方的梯步上，使梯步槽内的污渍流出 （3）用吸水机将梯步上面的水吸干，再用拖把将平面拖干净 （4）清洁后，将扶梯开启运行一圈，把断掉的线头清理干净

第五节　不同物品的清洁

一、玻璃清洁

玻璃的清洁要使用清洁剂、玻璃刮、伸缩杆等物品，具体的作业程序如图4-5所示。

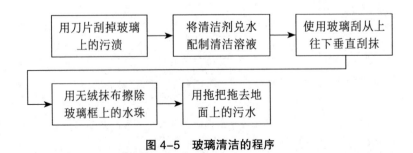

图4-5　玻璃清洁的程序

对污渍较重的地方要重点清洗，作业时应防止玻璃刮的金属部分刮花玻璃。如果清洁高处玻璃，要将玻璃刮套在伸缩杆上。

二、镜面清洁

1. 准备工作

（1）将清洁所需的工具及物品准备好，包括：

① 按 1:50 的比例配制玻璃清洁溶液，并盛放在水桶中。

② 刀片、抹水器、带伸缩杆的刮水器。

③ 抹布若干及报废的大块布。

④ 清水一桶。

（2）将报废的大块布铺在玻璃镜面下方的地面上，将水桶放在大块布上，防止清洁剂及水滴溅在地上。

2. 清洗作业

（1）用玻璃抹水器的毛头沾上适量玻璃清洁溶液，从上至下、从左至右地垂直擦洗。如果玻璃镜面的面积较大、高度较高，可将伸缩杆拉开使用。

（2）用玻璃刮水器从左向右或从上至下刮擦玻璃。在刮擦过程中应及时用抹布擦去刮把上的水分，并将玻璃边上及边框的水迹抹净。

（3）如发现玻璃镜面有斑迹，可用刀片轻轻刮去，切不可刮花玻璃镜面。

（4）工作结束后，将工具清洗干净、毛头刷晒干，以备下次使用。

三、木器清洁

1. 木器清洁流程

木器清洁流程如图 4-6 所示。

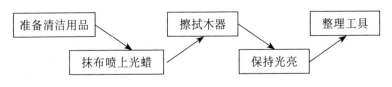

图 4-6 木器清洁流程

2. 操作规范

（1）准备上光蜡一瓶、抹布两块。

（2）摇匀上光蜡，喷在干抹布上，均匀地擦拭木器表面。

（3）用干净的抹布擦拭木器，清除木器表面的污渍和印迹，直至木器洁净光亮。

（4）整理工具，不得遗留在现场。

四、金属器具上光

1. 上光操作流程

金属器具上光操作流程如图 4-7 所示。

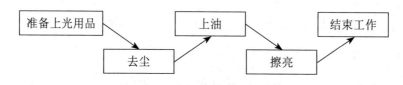

图 4-7 金属器具上光操作流程

2. 操作要求

（1）准备好所需的擦铜油、不锈钢油和干净柔软的平纹抹布。

（2）用干净的抹布除去金属表面的浮尘。

（3）将清洁剂（即擦铜油和不锈钢油）轻轻摇动，均匀地涂在抹布上，在油剂干燥前用力擦拭金属器具表面。

（4）用干净的抹布将金属器具上的清洁剂擦干净，然后再用干净的抹布反复用力擦拭，直至金属器具表面洁净光亮。

（5）工作完成后，收回清洁剂和抹布，清理好现场。

五、不锈钢清洁

1. 日常的清洁保养

（1）用稀释的万能清洁剂擦拭不锈钢表面。

（2）用半干的湿毛巾抹净不锈钢表面上的水珠，再用干布擦拭。

（3）置少许不锈钢擦亮剂于抹布上，对不锈钢表面进行擦拭。

（4）不锈钢表面较大时，可用手动喷雾枪或喷壶（调至雾状）将不锈钢擦亮剂喷于不锈钢表面，然后再用干布擦拭。

2. 特殊污渍、锈迹的清洁

（1）用微湿的抹布沾上金属除渍剂轻擦污渍。

（2）先用湿抹布擦净，再用干抹布擦干。

（3）抹上不锈钢擦亮剂。

3. 操作要求

（1）清洁不锈钢表面应使用平纹布，以免抹布脱绒遗留在不锈钢表面上影响亮度。

（2）上不锈钢油时不宜太多，以防污染他人衣物。

（3）应使用干净的干抹布，以防沙粒划伤不锈钢表面。

4. 清洁标准

（1）亚光面不锈钢：目视表面无污迹、无灰尘，50 厘米内能映出人影。

（2）镜面不锈钢：目视表面光亮、无污迹、无手印，3 米内能清晰映出人影。

六、雕塑装饰物、宣传栏、标识牌清洁

雕塑装饰物、宣传栏、标识牌的清洁要点如表 4-10 所示。

表 4-10　雕塑装饰物、宣传栏、标识牌的清洁要点

序号	清洁对象	清洁要点
1	雕塑装饰物	（1）准备长柄胶扫把、抹布、清洁剂、梯子等工具及物品 （2）先用扫把打扫装饰物上的灰尘，然后再用湿抹布从上往下擦抹；如有污渍，先用抹布沾清洁剂擦抹，然后用水清洗
2	宣传栏	用抹布将宣传栏里外全面擦拭一遍，玻璃部分用玻璃刮清洁
3	标识牌	（1）先用湿抹布从上往下擦拭，然后再用干抹布擦净 （2）如果宣传牌、标识牌表面有广告纸，应先撕掉广告纸再清洁

七、灯具清洁

1. 清洁流程

灯具的清洁流程如图 4-8 所示。

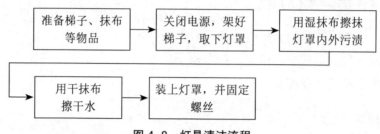

图 4-8 灯具清洁流程

💡 **请牢记：**

　　清洁日光灯具时，应关闭电源，取下盖板，取出灯管，然后用抹布分别擦净，清洁结束后再重新装好。

2. 注意事项

灯具清洁作业涉及电器安全以及高处作业安全，因此必须注意以下事项。

（1）在梯子上作业时，应有防护措施，防止摔伤。

（2）清洁前应关闭灯具电源，以防触电。

（3）在梯子上作业时，应防止灯具和工具掉下碰伤行人。

（4）固定灯罩时，应将螺钉拧到位，但不要用力过大，防止损坏灯罩。

3. 清洁标准

目视灯具、灯管无灰尘，灯具内无蚊虫，灯盖、灯罩干净明亮。

第六节　重点场所清洁

一、卫生间清洁

1. 清洁流程

卫生间清洁流程如图 4-9 所示。

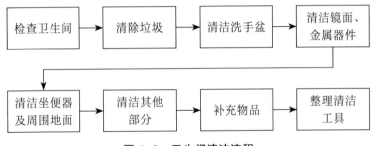

图 4-9 卫生间清洁流程

2. 操作要点

（1）保洁人员首先检查卫生间的坐便器、便池、水管、照明等是否正常，如有异常，立刻报修。

（2）清空卫生间垃圾桶内的垃圾，换上干净的垃圾袋。

（3）用专用百洁布擦洗洗手盆，然后用清水冲洗干净，并将洗手盆及周围台面上的水迹擦干。

（4）用柔软的干抹布擦亮镜面、金属器件和水龙头。

（5）清洁坐便器。

① 放水冲净坐便器、便池，并将清洁剂倒入其中。

② 用消毒水浸泡过的百洁布擦拭坐便器、便池，除去污渍。

③ 用清水冲洗消毒水残留液，用干抹布将坐便器擦干，不得留有水迹、污渍和黄迹。

④ 用干净的抹布擦拭座圈、外壁、水箱及便池。

（6）用拖把拖干地面，除去水迹和污渍。

（7）擦净门、门框、门挡、墙面和墙底角。

（8）及时补充洗手液、卫生纸和毛巾等。

（9）清洁结束后，将所有工具收回。

二、喷水池清洁

1. 平时保养

应每天用捞筛打捞喷水池水面的漂浮物。

2. 定期清洁

定期清洁的步骤如图 4-10 所示。

第一步	打开喷水池排水阀放水，待池水放去 1/3 时，清洁工人入池清洁
第二步	用长柄手刷加适量的清洁剂由上而下刷洗水池瓷砖
第三步	用抹布擦洗池内灯饰、水泵、水管、喷头及电线表层的青苔、污垢
第四步	排尽池内污水，并对池底进行拖洗
第五步	注入新水，投入适量的硫酸铜以净化水质，并清洗水池周围地面的污渍

图 4-10　定期清洁的步骤

3. 清洁标准

目视水池清澈见底，水面无杂物，池底无沉淀物，池边无污渍。

4. 注意事项

（1）清洗时应断开电源。

（2）擦洗电线、灯饰不可用力过大，以免损坏。

（3）清洁时，不要摆动喷头，以免影响喷水效果。

（4）注意防滑。

三、停车场清洁

1. 非机械清洁

停车场的清洁要点为：

（1）用长柄竹扫把将垃圾扫成堆。

（2）用垃圾斗将垃圾铲入垃圾车中。

（3）用胶管接通水源，全面冲洗地面。如果有油污，可将少量清洁剂倒在污迹处，先用胶刷擦洗，然后再用水冲洗。

 请牢记：

　　清洁时应小心细致，避免垃圾车和清扫工具碰坏其他车辆。如果发现机动车辆漏油，应及时通知车主，并用干抹布抹净，然后再用洗洁精清洗，以免发生火灾。

2.机械清洁

可用驾驶式洗地机或手推式自动洗地机洗刷停车场地面，既环保又经济。这样可把污垢带出停车场，同时也可湿润地面，避免二次扬尘。如果污垢比较严重，可选用中性清洁剂，也可将一般洗涤剂加入水中制成清洗液。油污比较多时，可使用化油溶液进行清洁。如果是地坪漆地面，还要注意地坪漆边缘部分不要有积水。

四、游乐设施清洁

1.操作要点

（1）准备抹布、水桶、扫把等工具以及清洁剂。

（2）用抹布擦拭娱乐设施表面的灰尘。

（3）倒少许清洁剂在污渍处，先用抹布擦拭，然后用水洗净。

（4）清扫游乐设施周围的纸屑、果皮、树叶等垃圾。

（5）擦拭附近的椅凳。

（6）不定时清洁，确保游乐设施及周围整洁干净。

（7）滑梯每周清洗一次，儿童乐园的其他设施每天擦抹一次，保持无灰尘、无污渍。

2.注意事项

（1）擦拭儿童游乐设施时，若发现有脱焊、断裂、脱漆等情况，应及时报修。

（2）发现业主特别是小孩未按规定使用游乐设施时，应予以制止、纠正。

3.清洁标准

（1）游乐设施表面干净、光亮，无灰尘、污渍、锈迹。

（2）游乐场周围整洁卫生，无果皮、纸屑等垃圾。

五、阴沟、窨井清洁

1.清洁频次与要求

阴沟、窨井的清洁频次与要求如表4-11所示。

表 4-11　阴沟、窨井的清洁频次与要求

序号	频次	要求
1	每季度	每季度对阴沟、窨井清理一次： （1）用铁钩打开井盖 （2）用捞筛捞起井内的悬浮物 （3）清除井内的沉沙，用铁铲把内壁的杂物清理干净 （4）清理完毕后盖好井盖 （5）用水冲洗地面
2	每年	每年对阴沟、窨井彻底疏通一次： （1）打开井盖后，用长竹片捅捣阴沟、窨井内的黏附物 （2）用压力水枪冲刷阴沟、窨井内壁 （3）清理阴沟、窨井的垃圾

2.清洁标准

（1）目视阴沟、窨井内壁无黏附物，底部无沉淀物。

（2）水流畅通，井盖上无污渍与污物。

3.注意事项

（1）掀开井盖后，要在周围放置警示牌并加围栏，同时要有专人负责监护，以防行人跌入。

（2）作业时，应穿连身衣裤、戴胶手套。

（3）必须有两人以上同时作业。

学习笔记

　　通过学习本章内容，想必您已经有了不少学习心得，请详细记录下来，以便后续巩固学习。如果您在学习中遇到了一些难点，也请如实记下来，以便今后进一步学习，彻底解决这些问题。

我的学习心得：

1. _____
   _____
2. _____
   _____
3. _____
   _____
4. _____
   _____
5. _____
   _____

我的学习难点：

1. _____
   _____
2. _____
   _____
3. _____
   _____
4. _____
   _____
5. _____
   _____

第五章　物业垃圾清运作业

>>>> 培训指引

　　物业垃圾清运是物业管理中至关重要的一环，它直接关系物业区域的环境卫生和业主的生活质量。垃圾清运作业包括垃圾收集、垃圾运输、垃圾处理。垃圾清运是一项复杂而重要的工作，需要物业服务企业和垃圾清运人员共同努力，确保垃圾得到及时、有效的无害化处理。

第一节　垃圾的分类

　　垃圾分类是指按一定标准将垃圾分类储存、投放和搬运，从而转变成公共资源的一系列活动的总称。

一、垃圾分类标准

垃圾一般分为可回收物、厨余垃圾、有害垃圾、其他垃圾四类。

1. 可回收物

可回收物主要包括废纸、废弃塑料、废玻璃、废金属和废旧纺织物等，如图 5-1 所示。

2. 厨余垃圾

厨余垃圾（也称湿垃圾）包括剩菜、剩饭、骨头、菜根、菜叶、果皮等食品类废物。

3. 有害垃圾

有害垃圾是指危害人体健康的重金属、有毒物质或者污染环境的有害废弃物，

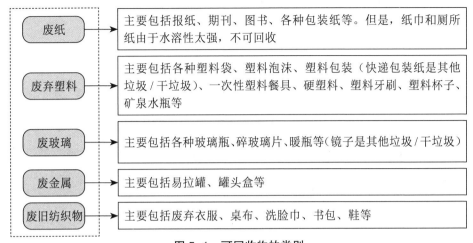

图 5-1　可回收物的类别

包括电池、荧光灯管、灯泡、水银温度计、油漆桶、部分家电、过期药品及其容器、过期化妆品等。这些垃圾一般单独回收或做填埋处理。

4. 其他垃圾

其他垃圾（也称干垃圾）包括除上述几类垃圾之外的砖瓦、陶瓷、渣土、卫生间厕纸、纸巾等难以回收的废弃物及尘土、食品袋（盒）等。采取卫生填埋的方法，可有效减少其对地下水、地表水、土壤及空气的污染。

（1）大棒骨：因为难腐蚀而被列入其他垃圾。而玉米核、坚果壳、果核、鸡骨等则是厨余垃圾。

（2）卫生纸：厕纸、卫生纸遇水即溶，不算可回收的"纸张"，类似的还有烟盒等。

（3）厨余垃圾装袋：常用的塑料袋，即使可以降解，也远比厨余垃圾更难腐蚀。此外，塑料袋本身是可回收垃圾。正确做法应该是，将厨余垃圾倒入垃圾桶，将塑料袋另扔进可回收垃圾桶。

（4）尘土：尘土属于其他垃圾，但残枝落叶包括家里开败的鲜花等属于厨余垃圾。

一、垃圾分类措施

物业服务企业应切实做好垃圾分类工作，大力宣传垃圾分类的意义，提高业主的垃圾分类意识，还需采取相应的措施。

1. 做好垃圾分类宣传

（1）物业服务企业可在小区入口处和楼宇大堂张贴垃圾分类公告、分发宣传手册等。

（2）在垃圾投放点安排管理人员和志愿者值守，现场指导业主进行垃圾分类。

（3）物业服务人员可上门沟通和宣传，尽最大努力获得广大业主的认可和支持。

（4）为了使广大业主真正掌握垃圾分类的知识和方法，现场培训是必不可少的。一方面，物业服务企业可精心制作宣传册子，发放到每家每户；另一方面，物业服务企业可安排专人持续开展现场培训和演示。

2. 达成共识，建章立制

要想在小区内全面推行垃圾分类，必须得到业主委员会的理解和支持，否则难以实施。改造或增设生活垃圾房，需投入资金，应征得业主委员会的同意。涉及重大事项的决策，还需要启动业主征询程序。

物业服务企业可在政府有关部门的指导和帮助下，制定垃圾分类管理规约。管理规约作为小区的"法规"，对于业主的日常行为具有一定的规范和约束作用。在征得2/3业主同意的情况下，将垃圾分类要求纳入管理规约，由全体业主共同实施。

3. 硬件配置，资源保障

（1）设置生活垃圾房。可将原有的建筑垃圾房改造成生活垃圾房。

（2）合理安排投放点。投放点的设置，需根据小区空间、志愿者人数等因素来确定，同时，坚持便民原则，不改变业主原有的投放习惯。

4. 加强管理，多管齐下

日常生活垃圾的分类不仅是个体行为，还是一个动态过程，所以，必要的过程控制显得尤为重要。

（1）在初始阶段，组织志愿者在各投放点进行现场指导和培训。

（2）在各投放点安排保洁人员对业主投放的垃圾进行查看，如果发现问题，应加以纠正。

三、智能垃圾分类设施

1. 智能垃圾分类管理系统

智能垃圾分类管理系统是指依托 AI、人脸识别、移动互联网、大数据、物联网等技术，通过信息化手段，从垃圾分类宣传、垃圾分类投递、垃圾分类收集、垃圾分类清运、垃圾分类处理等方面着手，对垃圾分类的各个环节进行智能化管理。

2. 智能垃圾分类管理系统的功能

智能分类垃圾箱设有可回收、厨余、其他及有毒有害等投递口，上部有触屏，顶部有遮雨盖。同时做了密闭处理，可防止异味散发，减少了垃圾对小区环境和空气的污染，让业主有一个更舒适、清新的环境，如图 5-2 所示。

图 5-2　智能分类垃圾箱

更重要的是，智能分类垃圾箱可与社区的"智慧大脑"连接，通过人脸识别或者扫码方式进行开箱；同时，还会对业主分类投放的垃圾自动称重，自动识别 ID 后进行积分。采取积分兑换奖品的机制，能有效地激励业主参与到垃圾分类的行动中，如图 5-3 所示。

此外，智能分类垃圾箱还设置了满溢报警、定位、防腐及防水等功能。物业管理人员可以在后台查看垃圾箱的情况，及时通知保洁人员进行清理，大大提高物业管理的效率。

图 5-3 智能垃圾分类与积分

第二节 垃圾收集与清运

一、垃圾收集流程

1. 垃圾收集工具

要依据不同类别将垃圾分开收集，常用的工具有垃圾桶、环卫车等。

（1）垃圾桶

根据桶身的材质，可将垃圾桶分为表 5-1 所示的几类。

表 5-1 垃圾桶的类型

序号	种类	具体说明
1	塑料垃圾桶	桶身为塑料，耐酸碱和水渍，但不耐日晒且不耐碰撞
2	不锈钢垃圾桶	桶身为不锈钢材质，内胆为塑料或铁皮，容易清洗，但不耐强酸和强碱

续表

序号	种类	具体说明
3	钢板垃圾桶	桶身为钢板，耐日晒雨淋，耐碰撞，也容易清洁
4	玻璃钢垃圾桶	桶身为玻璃钢，耐风吹日晒，耐酸碱，耐碰撞
5	木质垃圾桶	桶身为木质，内胆为金属，不耐风吹日晒
6	水泥垃圾桶	桶身由水泥浇筑，耐风吹日晒，不易被偷
7	纸浆垃圾桶	桶身为结实的可再生纸，符合环保要求
8	陶瓷垃圾桶	桶身为陶瓷，容易清洁，比较美观，但容易碎

（2）环卫车

环卫车主要用于收集并运输垃圾，多为铁皮材质。环卫车要定期清洗、消毒。

2.垃圾收集

对于分散于各垃圾桶的垃圾，保洁人员要分类收集，以便装载及清运，具体的操作步骤如图5-4所示。

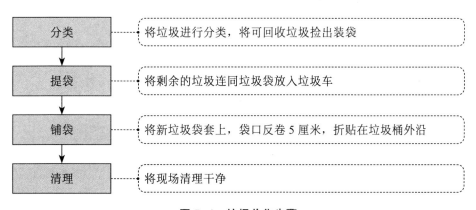

图5-4 垃圾收集步骤

二、垃圾桶清洁

垃圾收集完毕后，保洁人员要及时将垃圾桶清洗干净，常用刮刀、铁刷、清洁剂等物品。钢板垃圾桶的清扫流程如图5-5所示。

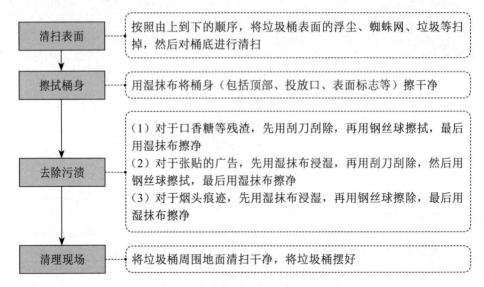

图 5-5 钢板垃圾桶的清扫流程

💡 **请牢记：**

垃圾桶的清洁要领基本一致，对于不同材质略有不同。例如，塑料垃圾桶、玻璃钢垃圾桶表面的顽固污渍不能用钢丝球或铁刷，只能用抹布多次擦拭。不锈钢垃圾桶不能用强酸或强碱清洁剂，只能使用中性清洁剂。

三、垃圾场清洁

对于小区内的垃圾场，保洁人员可按图 5-6 所示的步骤进行清洁。

第一步	先用铁铲将场内垃圾铲入手推车内，再用扫把将剩余垃圾扫干净
第二步	将去污粉或洗衣粉撒在垃圾场内外和门上，用胶刷擦洗
第三步	疏通垃圾场的排水道，清洁周围水泥路面
第四步	打开水阀，用水全面地冲洗垃圾场内外，同时用扫把或胶刷擦洗
第五步	关闭水阀，将水管放回工具间

图 5-6 垃圾场的清洁步骤

四、垃圾装载

保洁人员收集完垃圾后,要将其转移到垃圾车上,然后集中存放在垃圾处理场。

（1）垃圾集中堆放点，要卫生，四周无散落垃圾。

（2）可回收的垃圾，要另行放置。

（3）按要求做好垃圾装袋，以便于清运。

五、垃圾清运

1.清运作业要点

保洁人员协助垃圾回收人员清运垃圾时，应注意以下事项。

（1）应采取封闭方式转运垃圾，尽量不要敞开。

（2）运输垃圾要选择合适的道路和时间，应避开上下班高峰期。

（3）清除垃圾时，不能将垃圾散落在地面上。

（4）清运垃圾时不能装载太满，装垃圾的袋子不能有漏洞。

（5）要注意安全，不能将纸盒箱从上往下扔。

2.清洁标准

垃圾清运后，要将垃圾房清理干净。使用洗洁精冲洗垃圾房的地面和墙面，并用喷雾器喷洒"菊酯类"消毒剂对垃圾房进行消杀。垃圾房的清洁标准如图5-7所示。

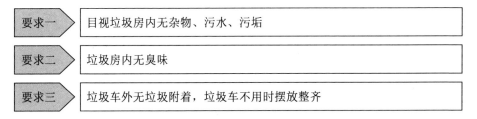

要求一	目视垃圾房内无杂物、污水、污垢
要求二	垃圾房内无臭味
要求三	垃圾车外无垃圾附着，垃圾车不用时摆放整齐

图5-7　垃圾房清洁标准

学习笔记

　　通过学习本章内容，想必您已经有了不少学习心得，请详细记录下来，以便后续巩固学习。如果您在学习中遇到了一些难点，也请如实记下来，以便今后进一步学习，彻底解决这些问题。

我的学习心得：

1. _____
　_____
2. _____
　_____
3. _____
　_____
4. _____
　_____
5. _____
　_____

我的学习难点：

1. _____
　_____
2. _____
　_____
3. _____
　_____
4. _____
　_____
5. _____
　_____

第六章 物业虫害防治与消杀作业

>>>>> 培训指引

　　物业虫害防治与消杀是物业区域环境和业主生活质量的重要保障。苍蝇、蚊子、老鼠、蟑螂等害虫不仅影响小区的环境，还可能传播疾病，对业主的健康造成威胁。因此，物业服务企业必须通过环境治理、物理防治和化学防治等多种措施，定期开展虫害防治与消杀作业，以减少虫害对小区环境的影响。

第一节　虫害防治作业

一、常见害虫种类

物业小区常见的害虫有以下几类。

1. 昆虫类

蛾幼虫、臭虫、虱子、跳蚤、苍蝇、蟑螂、甲虫、鱼虫、螨虫、蜘蛛、蚂蚁、蚊子等。

2. 啮齿类

主要是老鼠。

二、蚂蚁的防治

蚂蚁的危害主要包括两方面：一是因食害和污染所造成的经济损失；二是传染多种疾病，危害人体健康。

蚂蚁的防治要以预防为基础，以化学防治为重点，并辅以各种有效的方法，具体如表 6-1 所示。

表 6-1　蚂蚁的防治

序号	方法	详细说明
1	化学防治	（1）使用药饵诱杀，可选择适口性好、驱避作用强的化学药剂作为药饵，如氯丹、硼酸、烯虫酯、灭蚁灵等 （2）可以采用灌堵蚁穴或喷雾灭蚁等方式
2	物理防治	室内常采用机械捕打、开水淋烫、葱姜蒜驱避、挖蚁巢、堵塞缝隙等方法灭蚁
3	环境预防	保持环境卫生，不乱丢食品残渣，物品摆放整齐有序，及时清除废旧食品包装盒（箱）

三、蟑螂的防治

蟑螂除盗食食物、损坏衣物与书籍外，还会传播疾病，具体的防治方法如表6-2所示。

表 6-2　蟑螂的防治

序号	方法	详细说明
1	滞留喷洒	（1）使用药品，以悬浮剂为主，在墙体缝隙、公共区域等进行喷洒 （2）可以在较短的时间内迅速降低蟑螂密度（第一次喷洒即可使蟑螂密度降低80%以上）
2	胶饵	是蟑螂防治选用的主要剂型，药效长达数月、效果显著，但灭杀蟑螂的速度比滞留喷洒慢
3	颗粒剂	（1）可将诱饵隐蔽地布放在蟑螂出没的地方 （2）灭杀作用虽慢，但药效期很长，在干燥的环境里能保持两三个月的药效，可以灭杀漏网及新滋生的蟑螂 （3）可与胶饵配合使用，主要用于办公区域、酒吧、食品库房、厨房操作间等场所
4	粉剂	在不能喷洒且干燥的环境，可用粉剂处理，但需要注意可能的粉尘污染。主要用于供电和供暖设备内部的蟑螂防治
5	烟雾剂	不便喷药的地下管道、污水井、杂品库房（有密闭条件）等区域内，蟑螂密度较高，可选用烟雾剂熏杀
6	粘蟑板	（1）放在蟑螂出没的地方，既可用来监测蟑螂密度，也可用来捕杀蟑螂 （2）无毒无味，使用安全，黏着强力，效果好

请牢记：

　　物业服务企业应使用经国家药监部门登记注册、经卫生部门许可的药剂，并且符合国际惯例。可根据不同的环境和虫害，选用不同的药剂和施药方法，以达到高效的防治效果。

四、蚊子的防治

　　蚊子不仅可以刺吸人血，而且还会传播多种疾病，因此蚊子防治非常重要。蚊子的防治始终围绕如何控制、消除滋生而展开，一般药物灭杀只是辅助性的措施，具体的防治方法如表 6-3 所示。

表 6-3　蚊子的防治

序号	方法	详细说明
1	环境治理	尽可能控制蚊子滋生，日常做好清洁工作，尽量将蚊子消灭在萌芽状态
2	物理防治	采用各种工具或设备，如纱窗、灭蚊灯等
3	化学防治	（1）室内防治时，主要采用滞留喷洒、空间喷洒和点蚊香及灭蚊片等方法 （2）室外防治时，一般采用手提式或车载式超低容量设备进行处理。在狭窄的城区，可以用手提式热烟雾机进行热烟雾处理；如果是空旷地带，多使用车载式热烟雾机进行处理

请牢记：

　　在使用药剂喷洒或喷雾灭蚊时，一定要做好安全防护措施。施药时室内不应有人停留，户外喷药时应关闭门窗。

五、苍蝇的防治

　　苍蝇也是一种有害生物，极易传播疾病，主要从滋生地、蝇蛆和成蝇三方面对其进行防治，具体的防治方法如表 6-4 所示。

表6-4　苍蝇的防治

序号	方法	详细说明
1	环境治理	（1）将垃圾及时清理，做到日产日清、收集装袋、密闭以及运输无害化处理 （2）做好日常的清洁工作，及时清除苍蝇的滋生地
2	物理防治	（1）使用各种防蝇设施，如纱门、纱窗和风幕等 （2）使用灭杀工具，如灭蝇拍、电击灭蝇器、粘蝇纸等
3	化学防治	使用化学杀虫剂，如有机磷和菊酯类制剂，杀虫剂种类虽然较多，但多为气雾剂以及毒饵

六、鼠害的防治

老鼠既破坏物品，又传播疾病，具体的防治方法如表6-5所示。

表6-5　鼠害的防治

序号	方法	详细说明
1	环境治理	（1）封堵老鼠进入建筑物的所有通道 （2）破坏鼠类的栖息场所，及时做好卫生清洁
2	物理防治	使用灭鼠器械，如粘鼠板、捕鼠夹、捕鼠笼等
3	化学防治	（1）使用灭鼠药剂，如杀鼠剂、颗粒剂毒饵等 （2）配合相关设备使用，如鼠饵盒、标志旗或其他标志

第二节　消毒作业

除了做好物业区域的日常清扫、清洁工作外，保洁人员还必须掌握一定的消毒知识。

一、常用的清毒方法

在物业保洁工作中，常用的消毒方法主要有以下几种。

1. 擦拭法

（1）主要针对表面区域，包括公共区域的地面、墙壁、电梯，以及经常使用或触摸的物体表面，如门窗、桌椅、门把手、水龙头等。

（2）用配好的消毒液拖擦或擦拭，每天至少 1 次。

（3）要按照从上至下、从左至右的顺序，时间为 30 ～ 60 分钟。

2.喷洒法

（1）喷洒措施

① 主要针对垃圾房、垃圾桶、公共卫生间、楼梯等区域。

② 将药品按比例进行稀释，注入喷雾器里，在区域进行来回消毒。

（2）注意事项

使用喷洒法进行消毒时，必须注意图 6-1 所示的事项。

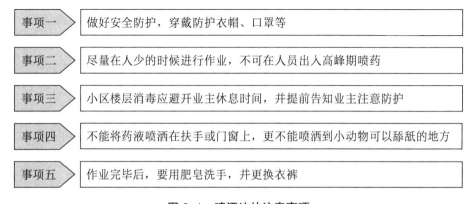

图 6-1 喷洒法的注意事项

二、消毒药剂稀释

在消毒作业前，要将消毒药剂按比例兑水稀释，以保证人员安全和药效。具体的稀释比例、容器及保存方法如表 6-6 所示。

表 6-6 消毒药剂稀释事项

序号	主要事项	具体说明
1	稀释比例	（1）一般性空气消毒的稀释比例为 1：200，消毒清洁用具的稀释比例为 1：100 （2）去污并消毒的稀释比例为 1：50，病毒性消毒的稀释比例为 1：25
2	稀释容器	使用量杯或水桶来稀释：向水桶中倒入适宜的水，用量杯取一定量的消毒液倒入水桶，搅拌后即可使用
3	药剂保存	（1）要保存好原始药剂，最好置放于阴凉、干燥的区域 （2）在使用时再稀释原液，要现用现配

请牢记：

消毒药剂的稀释要视清洁的区域、药剂的消毒效果等因素综合确定。在稀释时要先倒水再倒药剂，绝不能颠倒顺序。

三、卫生间消毒

卫生间必须每天清洁消毒，并且消毒要在清洁后进行。在具体作业前，要准备好洁厕剂、消毒液、胶手套、口罩、拖把、抹布、刷子等物品，具体的操作步骤如图 6-2 所示。

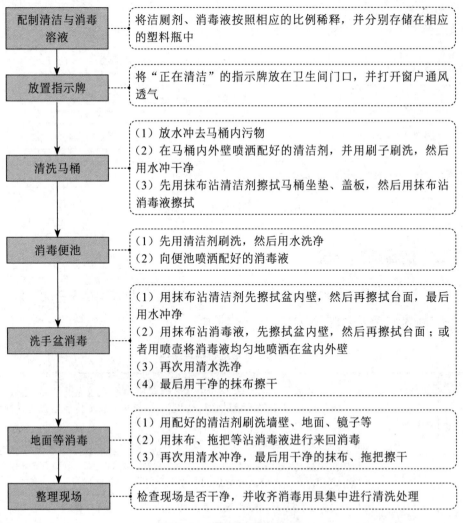

图 6-2　卫生间的消毒步骤

四、垃圾桶消毒

垃圾桶必须每天进行消毒，具体的步骤如图6-3所示。

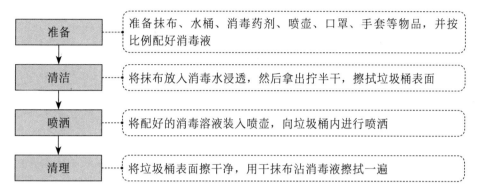

图6-3 垃圾桶消毒步骤

五、清洁用具消毒

清洁用具也需要定期消毒，消毒要点如图6-4所示。

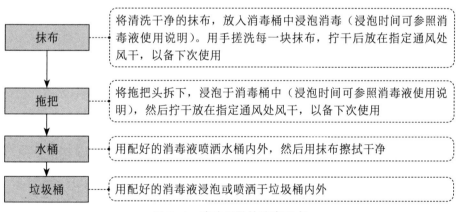

图6-4 清洁用具的消毒要点

六、智能消毒机器人

一台智能消毒机器人每天工作3小时，相当于6名保洁员一天的工作量。智能消毒机器人可以在楼宇里灵活地避开人群，完成消毒作业。保洁人员可以提前设置消毒路线，到达预约时间后，机器人会按照设定自动消毒，整个过程不需要任何人工干预。

图 6-5 所示是某集团设计的防疫消杀机器人，集消杀、香氛、加湿、推尘于一体，具备高精度自主定位导航、自主消毒、自主搭乘电梯等功能。

图 6-5 防疫消杀机器人

第三节 灭杀作业

一、灭杀工作安排

对于各种有害生物，必须定期进行灭杀。

1. 昆虫类灭杀

蟑螂、蚂蚁、蚊子、苍蝇等都属于昆虫，具体的灭杀工作如下。

（1）时间安排。一般每天都应进行一次灭杀工作，在夏秋季节可以增加灭杀次数。

（2）灭杀区域。

① 楼梯口、楼梯间及楼宇周围。

② 会所及配套的娱乐场所。

③ 办公室。

④ 公共卫生间、沙井、化粪池、垃圾箱、垃圾房等室外公共区域以及公用物件。

⑤ 员工宿舍和食堂。

（3）灭杀药物。灭杀药物一般为列喜镇、灭害灵、家虫清、菊酯类喷洒剂等。

（4）灭杀要点。灭杀方式以喷药触杀为主，操作人员要穿戴好防护衣帽，将喷杀药物按比例进行稀释，然后注入喷雾器里，对不同的区域进行喷杀。

① 在楼内喷杀时，注意不要将药液喷在楼梯扶手或业主的门上。

② 在员工宿舍喷杀时，注意不要将药液喷在餐具及生活用品上。

③ 在食堂喷杀时，注意不要将药液喷在食品和餐具上。

④ 不要在业主出入高峰期喷药。

 请牢记：

办公室、娱乐场所的虫害灭杀工作应在人少时进行，并注意关闭门窗，将药液喷在墙角、桌下或壁面上，严禁喷在桌面、食品和餐具上。

2. 灭鼠工作

（1）时间安排：灭鼠工作每月应进行两次，在灭鼠前应该向小区业主发出相应的通知。

（2）灭鼠区域：包括楼宇、别墅、员工宿舍、食堂、会所及其他常有老鼠出没的地方。

（3）灭鼠方法：主要采取投放饵料和粘鼠胶等方法。

（4）饵料的制作：

① 将米或碾碎的油炸花生米等放入专用容器内。

② 将鼠药按剂量均匀撒在饵料上。

③ 制作饵料时，作业人员必须戴上口罩、胶手套，禁止裸手作业。

（5）饵料投放（如图6-6所示）要点为：

① 先放一张写有"灭鼠专用"的纸片，然后将饵料成堆状放在纸片上。

② 尽量放在隐蔽或角落或小孩接触不到的地方。

图6-6　投放饵料

③ 禁止成片或随意撒放。

④ 投放饵料，必须保证人员安全，必须挂上明显的标志。

（6）清理工作：灭杀作业完毕后，应将器具、药具统一清洗保管。一周后，撤回饵料。在此期间注意捡拾死鼠，并记录死鼠数量。

3. 灭杀工作的管理与检查

（1）灭杀工作前，必须确保作业人员知晓灭杀工作的注意事项。

（2）将每次灭杀工作的实施情况记录在工作日记中。

（3）现场跟踪检查，确保作业人员操作正确。

（4）每月会同有关人员按检验方法和标准对灭杀工作进行检查，并如实填写灭杀服务记录表。

上述资料由部门归档保存一年。

二、灭杀工作的安全管理

在灭杀工作的实施过程中，首先要考虑安全性。灭杀工作方案中，要注意把握以下几个方面。

（1）所选用的药剂和器械应达到最高的灭杀效果，同时保证对人类、动植物及环境的危害最低。

（2）对实施灭杀工作的员工必须进行灭杀知识和实际操作的培训与考核，确保其熟练掌握国家、地方、公司的灭杀规定和灭杀药剂、器械的性能，并能熟练操作灭杀器械以及正确使用灭杀药剂。

（3）在实施灭杀工作前，操作人员应检查灭杀药剂、灭杀器械与灭杀方案是否一致；灭杀药剂的出厂日期、保质期是否符合要求；灭杀器械是否完好等。

（4）灭杀药剂的运输应有安全措施，保证不散落、不溅出、不丢失、不污染环境。如出现紧急情况，应迅速采取急救措施。

（5）操作人员必须安全着装，防护装备包括硬边帽、眼镜、护目罩或全面部防护罩，以及抗化学药品的安全鞋、胶手套及胶袋。

（6）对已实施的灭杀工作，应做好详细的记录。记录内容应包括灭杀药剂；灭杀器械；施药方式、时间、地点；被灭害虫的种类、数量；药剂运输的方式；操作人员的安全着装等。这些记录应妥善保存。

（7）灭杀工作结束后，将包装器皿、包装袋箱、废旧器械、防护服装等进行彻底清洗；同时将剩余药剂在指定的地点进行销毁，并做好销毁记录。

学习笔记

　　通过学习本章内容，想必您已经有了不少学习心得，请详细记录下来，以便后续巩固学习。如果您在学习中遇到了一些难点，也请如实记下来，以便今后进一步学习，彻底解决这些问题。

我的学习心得：

1. _____
_____
2. _____
_____
3. _____
_____
4. _____
_____
5. _____
_____

我的学习难点：

1. _____
_____
2. _____
_____
3. _____
_____
4. _____
_____
5. _____
_____

第七章　物业保洁安全防范

>>>> 培训指引

　　保洁工作存在诸多安全事件，如保洁人员滑倒、摔伤、触电等，同时，保洁人员长期接触清洁剂、消毒剂等化学物品，而且进行高强度的体力劳动，容易引发职业病。所以，物业服务企业应加强安全防范，从个人防护、清洁剂使用、设备安全、作业环境安全、垃圾处理、培训与宣传以及应急处理等多个方面入手，确保保洁工作安全有序地进行。

第一节　引发安全事件的原因

一、人为因素

保洁工作中发生的安全事件，许多都是人为因素造成的，主要表现为保洁人员违章操作和违反劳动纪律两个方面。

1. 违章操作

违章操作的主要表现如图 7-1 所示。

表现一	不按规定穿戴和使用劳动防护用品，例如，在作业过程中赤脚或穿拖鞋、凉鞋，进行高空作业时不系保险带，消毒时不戴口罩和手套等
表现二	不按操作规程、工艺要求操作设备，例如，在吸尘器、洗地机等设备运转时进行加油、修理、检查、调整和排故等操作
表现三	作业时不采取安全防范措施，对违章指挥盲目服从，例如，带电操作、不设安全防护栏、超负荷工作
表现四	擅自动用未经检查、验收、移交或已查封的设备和车辆，以及未经领导批准随意动用非本人操作的设备和车辆

表现五	对易燃、易爆、剧毒物品，不按规定储运、收发和处理
表现六	发现设备或安全防护装置缺损、失灵，不向安全管理人员和领导反映，而是继续冒险操作。或者自作主张将安全防护装置拆除

图 7-1 违章操作的主要表现

2.违反劳动纪律

违反劳动纪律的主要表现如图 7-2 所示。

表现一	上班迟到、早退，中途离岗；上班时间干私活、办私事、聚集闲谈、嬉戏、睡觉、看电视、玩手机等
表现二	工作中不听从管理者的安排、无理取闹、纠缠领导，影响正常工作
表现三	聚众闹事、打架斗殴、酗酒肇事
表现四	不遵守劳动纪律和操作规程，如不按规定携带工具、操作设备等

图 7-2 违反劳动纪律的主要表现

二、客观因素

保洁工作中发生的安全事件，除了人为因素外，还有一些客观因素，具体如表 7-1 所示。

表 7-1 造成安全事件的客观因素

序号	类别	具体内容
1	设备、设施、工具本身存在缺陷	（1）设备功能上有缺陷，机械装置、工具配置有缺陷 （2）设备带"病"运转、超负荷运转 （3）设备、设施、工具等强度不够，有故障未及时修复
2	防护设施、安全装置有缺陷	（1）清洁设备未接地或绝缘不良 （2）实施高空作业时，安全绳、吊板等有破损
3	工作场所有缺陷	（1）没有安全通道，工作场所空间太小，不符合安全要求 （2）物件堆置的方式或位置不当 （3）乱接电线，将生活用品堆放在工作场所 （4）乱丢垃圾及烟头
4	作业环境、防护用品与用具有缺陷	（1）作业区域的道路不畅、照明不足、通风换气不良、噪声大 （2）必备的防护和消防、急救用品、用具缺失 （3）防护用品、用具的使用和操作说明缺失

第二节　安全事件的预防

一、加强员工培训

操作规程和质量标准需要保洁人员严格执行，而实现这一目标的重要途径就是加强员工培训。

培训的目的是让保洁人员具备工作所需的知识、技能以及服务意识，能正确执行公司的质量管理和安全防范措施。

1. 培训的要求、形式和重点

物业保洁人员的培训，包括入职培训、清洁专业知识培训、物业管理知识培训、服务意识培训以及质量标准培训等。

不同的物业服务企业，清洁面积、管理运作模式及环境质量要求不同，员工培训的要求、形式和重点也有所不同。例如，在完全自主管理模式下，除了入职培训外，还包括日常清洁技术培训、质量标准培训、服务意识培训、安全操作培训等；而对于外包模式来说，除了入职培训外，重点是质量标准培训、质量监控方法培训等。

2. 员工入职培训

新加入公司或保洁部门的员工，无论是否从事过该项工作、是否掌握清洁技能，为了确保公司统一管理，让员工尽快熟悉自己的工作岗位，均应进行入职培训。培训的内容包括公司简介、公司规章制度、公司及部门运作方式、岗位工作内容及工作方法等。

员工入职的第一天，由相关领导向他们介绍公司的基本情况、部门的基本运作方式，并带领他们熟悉工作环境。

第二天，培训公司的规章制度、安全知识、岗位责任、员工服务标准、奖罚规定等内容。

第三天，根据岗位具体工作，进行常规技术培训。

从第四天起开始轮岗培训。在各个岗位，由老员工进行岗位实际操作培训。

每个岗位可培训数天。轮岗结束后要进行理论与操作考试。不合格的员工予以辞退，合格的员工则根据实际能力定岗。

3. 物业管理知识培训

（1）参与人员及培训要求

保洁管理人员均应参加由公司统一安排的专项物业管理知识培训及物业管理体系培训。

（2）培训频次及时间

物业管理知识的培训至少每半年安排一次，每次培训时间不少于两个小时。

（3）培训考核

培训结束后，公司统一安排考核。主要保洁管理人员还应参加省市级的物业管理培训，并持证上岗。

4. 自主管理模式下的专业知识培训

在自主管理模式下，物业服务企业应对保洁管理人员进行专业的清洁知识培训。

（1）培训内容

专业知识培训的内容如表 7-2 所示。

表 7-2　专业知识培训内容

序号	项目	培训内容
1	常用清洁设备的使用及保养	（1）各清洁设备的操作规范及相关配件的使用方法 （2）各种清洁设备的日常保养及注意事项
2	常用清洁剂的辨别及使用方法	（1）常用清洁剂的颜色、气味、性能、使用方法 （2）使用清洁剂的注意事项
3	室内公共区域清洁	（1）室内公共区域的清洁频率、清洁方法 （2）垃圾的收集处理
4	室外公共区域清洁	（1）室外公共区域的清洁频率、清洁方法 （2）外包服务的质量要求
5	地面清洁	（1）地面清洁的注意事项 （2）地面清洁的频率及操作程序

续表

序号	项目	培训内容
6	高空作业	（1）高空清洗的条件、方式及操作程序 （2）高空作业的安全检查
7	消杀服务	（1）消杀的频率 （2）消杀的区域 （3）药物的使用与保管
8	安全操作	（1）清洁设备安全操作方法与注意事项 （2）岗位安全作业规程与应急处置
9	其他保洁知识	（1）保洁工作顺序 （2）保洁工作技巧 （3）保洁工作的注意事项

（2）培训频率

专业清洁知识培训，每月至少进行一次，并确保培训质量；物业清洁知识培训至少每年举行一次，由公司统一安排；对骨干管理人员和技术人员的培训，应每周进行一次，以提高主要管理人员和技术骨干的管理能力与服务意识。

二、做好安全防护

预防安全事件，不仅要从员工培训着手，更应采取有效的防护措施。保洁人员的安全防护措施如表 7-3 所示。

表 7-3　保洁人员的安全防护措施

序号	基本措施	具体说明
1	安全使用化学品	尽量使用低毒或无毒的清洁剂。所有盛装化学品的容器，都应贴上标签，说明化学品危害性和防护方法
2	正确选用工具	（1）应选用较轻便的工具 （2）工具和保洁人员手部接触处应没有尖锐或突出部分，但也不能太光滑，以免工具滑脱
3	使用劳动防护用品	保洁人员经常接触化学清洁剂及垃圾等，因此应该穿戴合适的防护用品，如手套、安全胶鞋、防尘口罩等

三、牢记安全须知

（1）牢固树立"安全第一"的思想。

（2）如需推车，应双手推动，以确保安全。

（3）如需从高处取物品，需使用梯子。

（4）工作区域地面湿滑或有油污，应立即擦除，以防滑倒。

（5）在使用机器设备时，禁止用湿手接触电源插座，以免触电。

（6）尽量将笨重物品放置在较低的位置，以方便取用。

（7）当用工作车运载物品时，物品高度切勿阻碍推车人视线。

（8）鞋底过分平滑时必须更换。

（9）不要将燃烧的香烟弃于垃圾桶内。

（10）不可将手直接伸进垃圾桶内，以防碎玻璃刀片刺伤手部。

（11）穿着合体的工作服，以免造成工作不便。

（12）清理碎玻璃或碎瓷片时，需用笤帚、垃圾铲，切勿直接用手。

（13）当高空抹尘、地面打蜡、擦拭地面时，必须放置温馨提示牌。

（14）公共区域、走廊或楼梯的照明不足时，应立即向相关人员报修。

（15）不稳的桌椅不要使用，应尽快报修。

（16）在玻璃饰品集中的区域设立温馨提示，以防他人撞伤。

（17）在公共区域放置工作车或洗地机、吸尘器等清洁工具及设备时，应尽量放在路旁，并注意电源线的位置，以防绊倒业主或员工。

（18）用机器清洗地面或地毯时，不要弄湿插头、电线，以免触电。

（19）保洁人员用升降平台进行高空擦拭时，必须系好安全带，并把升降平台的支脚放平锁定。

（20）使用有毒害的药水时，必须严格按照说明操作。

（21）使用清洁设备前，需检查线路是否完好。如有破损，应及时通知相关人员检修。

（22）如果不会使用机器前，不得私自启动，以免发生意外。

（23）在公共场所或隐蔽部位发现可疑包裹时，不要私自打开或移动，应立即向保洁负责人及相关领导报告。

（24）清洁机房时，要切断电源、穿绝缘鞋、戴绝缘手套、使用干毛巾。

四、遵守操作规程

安全操作规程是员工在日常工作中必须遵照执行的保证安全的规定程序。不遵守操作规程，就有可能导致各类安全事件发生，不但给公司和员工带来经济损失，严重的还会危及生命。因此，物业服务企业应制定相应的操作规程，并要求保洁人员严格遵守。

下面提供一份××物业公司的安全操作规程范本，仅供参考。

【范本 7-01】▶▶ --

安全操作规程

1. 目的

保障员工的安全，防止发生伤亡事故，达到安全生产的目的。

2. 适用范围

适用于公司全体保洁员。

3. 职责

3.1 保洁人员在清洁工作中做好安全防护。

3.2 保洁负责人应对保洁人员进行安全防范知识培训。

4. 工作程序

4.1 高空作业安全规程

4.1.1 高空作业前的安全检查

4.1.1.1 员工身体健康，无高血压、心脏病、癫痫病、恐高症等病史，视力良好。作业前精神状态良好，情绪正常，无感冒、头晕等不适症状。作业前严禁饮酒、服用精神类药物等。

4.1.1.2 服饰要求：裤脚、袖口要扎紧，衣服纽扣要完全扣好，手套为五指薄型，安全帽为紧口式，不准穿带跟鞋或硬底鞋，必须穿防滑鞋，身上不能佩戴钥匙及任何硬物。

4.1.1.3 安全带无破损。

4.1.1.4 安全带与牢固件的绳结无松脱。

4.1.1.5 安全带的结点牢固。

4.1.1.6 绳索与建筑物接触牢固。

4.1.1.7 梯子零件无松动。

4.1.2 地面的安全防护

4.1.2.1 地面应设置行人护栏或警戒线，挂上警示牌，以警示路人绕行。禁行区的路面应铺上防护装置，以保护地面不被污染。

4.1.2.2 楼宇周围如有绿化带，除设置护栏、挂上警示牌外，还应采取防护措施，以防绿化带被破坏。

4.1.3 注意事项

4.1.3.1 拿牢手中的作业工具，防止掉落。

4.1.3.2 严禁在操作时相互传递工具或投掷物品。

4.1.3.3 注意墙体附着物，避免碰伤自己。

4.1.3.4 监护人员监控到位，严禁离开现场。

4.1.3.5 2.5米以上为高空作业，操作时必须有监护人员，不能一人操作。

4.1.4 禁止事项

4.1.4.1 安全带和清洁工具检查不到位，禁止操作。

4.1.4.2 单梯上不允许两人或两人以上同时作业。

4.1.4.3 没有现场监护人员，禁止操作。

4.1.4.4 禁止带电作业（擦拭灯具）。

4.1.4.5 作业时禁止聊天说笑、接打电话。

4.1.4.6 风力超过6级或气温超过35℃，暴雨、打雷、大雾等天气，禁止作业。

4.1.4.7 高空作业完毕后，应检查、清点所有工具，以免落在现场，对他人造成伤害。

4.2 乘坐电梯安全规程

4.2.1 电梯超载时，禁止乘坐。

4.2.2 禁止用身体（物品）顶着电梯门。当电梯门即将关闭时，不要强行进入或阻止电梯关门，以免发生意外；切忌一只脚在电梯内一只脚在电梯外。

4.2.3 不要随便按应急按钮。应急按钮是为了应对意外情况而设置的，电梯正常运行时不要按动，否则会带来麻烦。

4.2.4 电梯运行时门没有关上或关严，说明电梯发生故障。这种情况下不要乘坐，要及时向维修人员报告。

4.2.5 乘坐扶梯时，禁止把扶手当作滑道传送抹布等物品。

4.2.6 电梯维修时，禁止乘坐。

4.2.7 发生火灾、地震、跑水时，禁止乘电梯逃生。

4.2.8 电梯运行中发生意外时，不要惊慌。首先，把电梯每一层的按键全部按下。其次，将身体紧贴电梯内壁，以保护脊柱；将膝盖弯曲，以减轻承重压力，同时用手抓住扶手。

4.2.9 被困电梯时，应立即按响报警电话或敲门，寻求救援。

4.2.10 进出电梯时，应注意电梯轿厢地板和楼层地面是否水平。如果不平，说明电梯存在故障，应及时通知相关部门进行检修。

4.3 清洁剂使用安全规程

4.3.1 清洁剂分为碱性、酸性、中性，使用前必须看清清洁剂的性质、适应范围。

4.3.2 根据说明书要求进行稀释，切勿将浓度较高的清洁剂直接用于物品表面，以免损坏物品。

4.3.3 操作人员要佩戴胶手套，以免清洁剂对皮肤造成伤害。

4.3.4 如清洁剂不小心弄到皮肤上或眼睛里，应用大量清水冲洗，及时到医院治疗。

4.3.5 装清洁剂的容器要粘好标签，做好出入库管理，不能乱扔乱放。

4.3.6 加强清洁剂安全使用的培训，让每一位员工都能熟练掌握清洁剂的使用方法及注意事项。

4.3.7 使用清洁剂前，必须详细阅读使用说明书，严格按比例稀释，以免发生安全事件。

4.3.8 强酸、强碱性清洁剂有很强的腐蚀性、挥发性，属于易燃易爆物品，应单独储存。

4.4 用电安全规程

4.4.1 不准随意拆卸电器设备。

4.4.2 定期检查配电箱、配电板、空气开关、插座等情况，如发现异常，应及时上报相关人员维修。

4.4.3　严禁私拉乱接电线。

4.4.4　使用电器时应将开关或插排固定，不要拖拉使用，防止漏电伤人。

4.4.5　严禁使用正在检修中的机器设备。

4.4.6　在雷雨、风雪天气不要接近高压电杆、铁塔、避雷针，以免发生触电。

4.4.7　发生电器火灾时应立即报警，可自行用黄沙、二氧化碳灭火器材灭火，切不可用水或泡沫灭火器灭火。

4.4.8　打扫卫生、擦拭电器设备时，应切断电源。严禁用水冲洗或湿布擦拭设备，也不能用湿手和金属物触碰电器开关。

4.5　交通安全规程

4.5.1　必须遵守交通规则，听从交警指挥。

4.5.2　步行上下班的员工，必须在人行道内行走，注意避让车辆。

4.5.3　横过马路时，要走人行横道或过街天桥、地下通道。在设有人行横道、信号灯的地方，要严格遵守信号行走；在没有划设人行横道的地方，要左右查看，注意来往车辆，不要横穿、猛跑。

4.5.4　不要在道路上聚集、聊天、追车、强行拦车等。

4.5.5　骑自行车、电动车、摩托车上下班的员工，应严格遵守交通法规，做到右侧通行、不逆行、不闯红灯、不超速行驶。

4.5.6　开车上下班的员工，必须遵守交通规则，减速慢行，不闯红灯，不酒后驾车。

4.5.7　冬天路滑或大雪天气，尽量乘坐公共交通出行，以确保安全。

4.5.8　冰雪天气乘坐公交车的员工，应稳上、慢下，避免滑倒。

4.5.9　上早班或下晚班的员工要注意人身安全，不走偏僻或没有路灯的小路，女员工最好能搭伴同行。

4.6　扫雪安全规程

4.6.1　清雪时一定要穿防滑鞋，戴好帽子、手套，注意保暖。

4.6.2　在出入口铺好地垫，并放置"小心地滑"的提示牌。

4.6.3　清雪时不要打闹，防止摔伤。

4.6.4　正确使用清雪工具。

4.6.5 融雪剂不得乱用，有融雪剂的雪不得堆放到绿化带，以免伤害绿植。

4.6.6 积雪一定要及时清理，以免影响行人通行。

4.6.7 使用清雪设备时，一定要检查机器零部件是否正常。

4.7 爆炸事件发生时的注意事项

4.7.1 保持镇静，尽快撤离，不要进入有易燃易爆品的区域。

4.7.2 不盲目跟从人群逃离。

4.7.3 不要贪恋贵重物品而错过逃生时机。

4.7.4 听从指挥，及时撤离现场，如果条件不允许，应原地卧倒，等待救援。

4.7.5 拨打报警电话，请求救援。

4.7.6 避开临时搭建的货架，一旦摔倒，应让身体靠近墙根或其他支撑物。

4.7.7 注意观察现场有无可疑人、可疑物，并协助警方调查。

4.7.8 不要用打火机点火照明。

第三节　安全事件的应急处理

一、意外受伤的处理

保洁人员在工作中意外受伤，应进行现场救治；伤势严重者应立即送医院救治。在救护车到达前，应对伤者进行妥善处理，以减轻伤者的痛苦。

二、突然晕倒的处理

保洁人员在烈日下工作突然晕倒，正确的处理方法是：将其移到阴凉且通风的地方，使其呼吸到充足的氧气，并由有经验的人员照顾，直到救护车到达。

三、沙粒或其他异物入眼的处理

不能用手、纸巾或毛巾擦拭，以免擦伤眼角膜，造成严重后果。正确的处理方法是，用清水冲洗并及时送医院治疗。

四、化学品入眼的处理

应立即用大量清水不停冲洗，直至眼睛恢复正常。如情况比较严重，应及时送医院治疗。

五、化学品沾染身体其他部位的处理

应用大量清水不停冲洗。如情况比较严重，应及时送医院治疗。

六、高空作业坠落的处理

当作业人员坠落后倒卧地上时，在未了解其受伤情况时，不应立即搀扶他。因为，如果伤者不幸伤到腰骨，出现腰椎骨折，此时扶起伤者就会使其脊椎弯曲，有可能切断脊髓，从而造成下肢瘫痪；如果伤者是胸椎或颈椎骨折，草率地一扶、一弯，可能会危及伤者的生命。

正确的做法如图 7-3 所示。

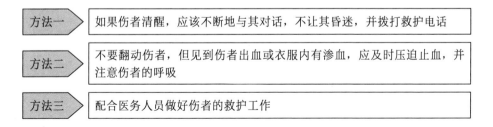

图 7-3　高空作业坠落的处理方法

七、骨折的处理

应用硬木板托住断肢，并用干净布料包扎止血，尽量不要移动断骨。

八、铁钉或铁杆插入身体的处理

切记不要把铁杆或铁钉从伤者身体内拔出，应维持原状，并将伤者直接送入医院，由医生妥善处理。因为铁杆或铁钉有可能插到血管，如果拔出，有可能导致伤者大出血；如果伤及动脉血管，直接拔出会使伤者有生命危险。在搬动伤者时，要确保铁杆、铁钉不移动。

九、意外触电的处理

应该立即切断电源。如一时找不到电源开关，应该用干的竹、木、胶棍等绝缘物体将电线拨开或将触电者推离电源，然后立即为触电者进行人工呼吸和胸外心脏按压。

学习笔记

通过学习本章内容，想必您已经有了不少学习心得，请详细记录下来，以便后续巩固学习。如果您在学习中遇到了一些难点，也请如实记下来，以便今后进一步学习，彻底解决这些问题。

我的学习心得：

1. _____
_____
2. _____
_____
3. _____
_____
4. _____
_____
5. _____
_____

我的学习难点：

1. _____
_____
2. _____
_____
3. _____
_____
4. _____
_____
5. _____
_____

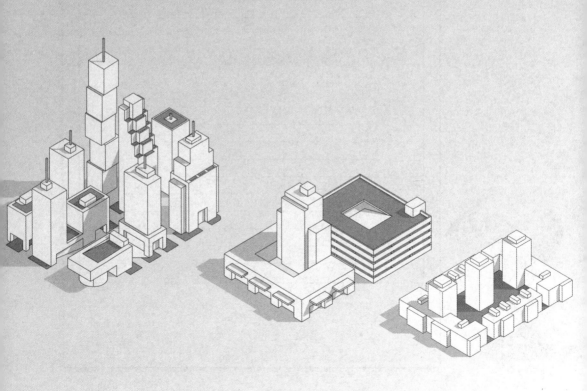

第二部分
Chapter two

物业绿化养护服务

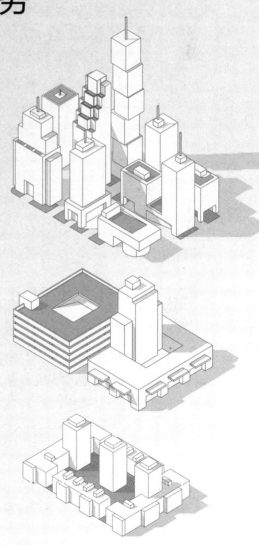

第八章　物业绿化基本要求

>>>> 培训指引

　　小区园林绿化工作是物业管理的一项重要内容，也是影响物业服务满意度的一个重要因素。园林绿化养护得好，业主满意度就高；养护得不好，业主满意度就低。物业小区绿化养护包括对园林植物的灌溉、排涝、修剪、防病虫、防寒、支撑、除草、中耕、施肥等内容。

第一节　绿化作业内容

一、保洁

　　绿化人员应清除绿地垃圾和杂物，包括生活垃圾、砖块、砾石、落地树叶、干枯树枝、板块、烟头、纸屑等。并对水池、雕塑和绿化配套设施进行清洁。

二、除杂草、松土、培土

　　除杂草、松土、培土是绿化养护工作的重要组成部分。经常给草坪除杂草，可防止杂草与草坪争水、争肥、争空间从而影响草坪的正常生长。

　　对于草坪土壤板结和人为践踏严重的地带，要注意打孔透气，必要时还应用砂壤土混合有机肥料铺施，以保证草坪整齐美观。对绿地的花坛、绿篱、垂直绿化、单植灌木和乔木要按要求进行松土和培土。

三、排灌、施肥

　　在对草坪、乔木、灌木进行排灌、施肥时，应根据植物种类、生产期、生产季节、天气情况等区别进行，以保证水肥充足适宜。

四、补植

对于被破坏的草坪、乔木和灌木，要及时进行补植，并清除灌木和花卉的死苗，做到乔木、灌木无缺株、死株，绿篱无断层。

五、修剪、造型

根据植物的生长特性，适时进行修剪和造型，以增强绿植的美化效果。

六、病虫害防治

病虫害对花、草、树木的影响很大，轻者影响景观，重者导致花、草、树木死亡。因此，绿化人员应做好绿植的病虫害防治工作。

病虫害的防治工作应以预防为主，通过精心管养，增强植物的抗病虫能力。同时要勤检查，早发现、早处理。可采取综合防治、化学防治、物理人工防治和生物防治等方法。

七、绿地及设施的维护

绿地维护应做到花、草、树木不受到破坏，绿地不被侵占，绿地版图完整，无乱摆乱卖、乱停乱放等现象。

绿地设施如有损坏，要及时维修或更换。应确保绿地围栏完好，绿化供水设施工作正常，防止绿化用水被盗用。对护树的竹竿、绑带要及时加固，使其达到护树目的。随着树木的生长，及时松掉绑在树干上的带子，以防其嵌入树体。同时要注意，不能用铁丝直接绑在树干上，中间要垫上胶皮。

八、水池和路面的管理

水池的管理要做到，水面及水池内外干净，水质良好，水量适度，水池不漏水，水池设施完好。绿化人员应及时清理水池杂物，定时灭杀蚊蝇，定时清洗水池，并控制好水的深度，不浪费水资源。

绿化人员应及时清除路面垃圾、杂物，修补破损路面，确保绿地整洁，无垃圾杂物、无泥土石块、无干枯树枝、无动物粪便、无鼠洞和蚊蝇滋生地等。

九、防旱、防冻

在旱季，应根据天气和绿地实际情况，检查花、草、树木的缺水程度，及时做好防旱、抗旱工作。

在冬季，应根据植物生长规律采取有效的防冻措施，确保花、草、树木生长良好。

十、防台风、抗台风

在台风来临前，绿化人员应合理修剪，做好树木和其他设施的加固工作，并增加巡查次数。

十一、为业主提供绿化服务

绿化人员应当积极为业主提供服务，帮助业主解决花卉栽植、养护等方面的问题。

第二节　绿化人员配置

物业绿化人员配置是一项综合性工作，包括组织架构、人员数量、岗位职责、运作模式以及人员管理制度等内容。

一、组织架构

应根据物业服务企业的规模和绿化工作的需求，设立相应的绿化管理部门，如绿化部或环境管理部。在绿化部门内部，可设立不同的岗位，如绿化班班长、绿化工程师、绿化养护工等，以确保各项绿化工作有条不紊地开展。

二、人员数量

（1）确定绿化面积和复杂程度：明确物业的绿化面积和绿化工作的复杂程度，将有助于确定所需的绿化人员数量和专业技能水平。

（2）配置基础绿化人员：根据绿地面积和绿化复杂程度，配置一定数量的基础绿化人员，负责日常的绿化养护工作，如浇水、修剪、除草、施肥等。

（3）配置专业技术人员：对于一些专业的绿化工作，如病虫害防治、植物造型等，需要配置相应的专业技术人员。这些人员需具备相关的专业知识和经验，能够处理一些较为复杂的绿化问题。

（4）考虑季节因素：绿化工作具有一定的季节性，因此在配置人员时需要考虑季节因素。例如，春季和夏季是植物的生长期，需要增加人员数量，以满足养护需求；而秋季和冬季植物生长缓慢，可以适当减少人员数量。

（5）建立应急机制：为了应对一些突发情况，如自然灾害、病虫害等，需要建立相应的应急机制，包括配置应急人员、制定应急处理方案等。

三、岗位职责

应为每个绿化岗位制定明确的职责和要求，以确保绿化工作能够按照标准开展。以下为某企业绿化岗位的职责说明。

1. 绿化主管岗位职责

（1）熟悉整个小区的绿化分布。

（2）按公司的管理目标，制订相应的工作计划并组织实施。

（3）合理调配本部门人员，合理配备绿化养护机具。

（4）制定和完善绿化养护人员工作程序和工作标准。

（5）根据植物生长特点，制订植物养护计划并组织实施。

（6）对整个小区的绿化状况和绿化养护人员的工作实施有效的监控。

（7）制定绿化成本控制和应急处置方案。

（8）负责本部门物品购买计划的编制，并对部门机具质量与使用情况全面监控。

（9）制订年度培训计划，并组织实施和考核。

（10）负责绿化养护人员工作业绩的考核，合理安排人员值班、加班。

2. 绿化班长岗位职责

（1）对主管负责，接受主管的工作安排和监督。

（2）熟知管辖区域内绿化分布情况，植物的品种、习性和养护要点。

（3）组织本班员工开展日常的绿化养护工作，根据工作计划合理调配人员。

（4）检查员工的出勤情况和员工的仪容仪表，督促员工遵守公司的各项规章制度。

（5）每日巡视辖区绿化状况并做好记录。

（6）负责新员工的入职引导和培训。

（7）合理控制班组物料消耗，提前做好物品申购。

（8）制订每周工作计划，并组织实施。

（9）负责组织绿化工作例会。

（10）负责收集整理各项记录，并上交存档。

3. 绿化工岗位职责

（1）遵守公司的规章制度。

（2）熟悉管辖区域绿植的品种和分布情况。

（3）服从绿化班长的工作安排，保证绿化工作的质量。

（4）劝阻并制止破坏绿化的行为。

（5）负责绿化区域的保洁工作。

（6）依照绿化作业指导书规范开展工作。

（7）爱护绿化机具，做好日常维护保养工作。

（8）发现绿化设施设备有损坏，及时上报。

四、运作模式

根据物业服务企业的实际情况和绿化工作的需求，选择适合的运作模式，如完全自主管理或外包。

在完全自主管理模式下，物业服务企业需要自行承担绿化的全部工作，包括人员配置、设备采购等；而在外包模式下，物业服务企业可以将绿化工作委托给专业的绿化公司，以降低自身的运营成本和风险。

学习笔记

　　通过学习本章内容，想必您已经有了不少学习心得，请详细记录下来，以便后续巩固学习。如果您在学习中遇到了一些难点，也请如实记下来，以便今后进一步学习，彻底解决这些问题。

我的学习心得：

1. _____
_____
2. _____
_____
3. _____
_____
4. _____
_____
5. _____
_____

我的学习难点：

1. _____
_____
2. _____
_____
3. _____
_____
4. _____
_____
5. _____
_____

第九章 物业绿化工作基础

>>>>> 培训指引

　　物业绿化工作是提升居住环境质量、促进生态平衡和增强居民幸福感的重要手段。通过科学合理的规划和日常的养护管理，可以提高绿化工作的质量。同时，物业服务企业还应加强绿化宣传与教育工作，提高业主的绿化意识。

第一节 物业绿化管理要点

一、加强绿化宣传

　　物业小区绿化工作，不仅仅是绿化部门的职责，也与每一位业主有关。因而应努力让业主树立环保意识、绿化意识，具体措施有：

　　（1）加强宣传。在物业绿化工作中，加强绿化保护宣传是很重要的。为了创建良好的绿化环境，物业服务企业可采取以下措施。

　　① 在人为破坏较多的地方增设绿化保护宣传牌。

　　② 加强绿化知识宣传，可在宣传栏内进行绿化知识介绍，也可为主要苗木挂上讲解牌，注明树名、科属、习性等。

　　（2）在绿化专业人员的协助下，为业主举行插花艺术、盆景养护、花卉栽培等绿化知识培训。

　　（3）举行小区植物认养活动，将小区的主要植物交由业主管理，可加强业主对植物的认识。

　　（4）在小区内举办绿化知识竞赛或美化阳台比赛等活动。

　　（5）在植树节或国际环保日举办植树活动或绿化知识咨询活动等。

请牢记：

　　绿化人员应当主动与业主建立友好关系，强化业主的绿化意识，由双方共同努力，维护小区的绿化环境。

二、制订绿化工作计划

　　物业服务企业应当制订全年的绿化工作计划，以便绿化人员按照计划开展相关工作。以下提供一份某物业管理处的绿化养护工作计划，仅供参考。

【范本 9–01】▶▶▶ ---

绿化养护工作计划

月份	气候特征	绿化养护计划
1月	1月份是全年中气温最低的月份，露地树木处于休眠状态	（1）冬季修剪：全面开展落叶树木的整形修剪工作；对乔木的枯枝、伤残枝、病虫枝及妨碍架空线和建筑物的枝杈进行修剪 （2）行道树检查：检查行道树绑扎、立桩情况，发现松动、铅丝嵌皮、摇桩等情况时立即处理 （3）防治害虫：冬季是消灭园林害虫的有利时期，可在树下疏松的土中挖出剌蛾的虫蛹、虫茧，集中烧死。1月中旬，介壳虫开始活动，可以采取刮除树干上幼虫的方法进行防治 （4）绿地养护：拔除绿地、花坛内的大型野草；对草坪要拔除杂草、切边；绿地内要注意防冻
2月	2月份气温有所回升，树木仍处于休眠状态	（1）养护内容基本与1月份相同 （2）修剪：继续对乔木的枯枝、病枝进行修剪，月底把各种树木修剪完 （3）防治害虫：以防治剌蛾和介壳虫为主
3月	3月份气温继续上升，中旬以后树木开始萌芽，下旬有些树木（如山茶）开花	（1）植树：春季是植树的有利时机，土壤解冻后，应抓紧时间植树。种植乔木时，应事先挖（刨）好树坑，做到随挖、随运、随种、随浇水；种植灌木时，也应做到随挖、随运、随种，并充分浇水，以提高苗木存活率 （2）春灌：因春季干旱多风，水分蒸发较大，应对绿地及时浇水 （3）施肥：土壤解冻后，应对植物施基肥并灌水 （4）防治病虫害：本月是防治病虫害的关键时刻，一些苗木会出现霉污病，瓜子黄杨卷叶煛也会出现，可采用喷洒农药的方法进行防治

月份	气候特征	绿化养护计划
4月	4月份气温继续上升，树木均萌芽开花或展叶，开始进入生长旺盛期	（1）继续植树：4月上旬应抓紧时间种植萌芽晚的树木，并对冬季死亡的灌木（杜鹃、红花继木等）及时拔除补种 （2）灌水：及时对绿地进行浇水 （3）施肥：结合灌水，对草坪、灌木追施速效氮肥，或者根据需要进行叶面喷施 （4）修剪：剪除冬春季干枯的枝条，修剪常绿绿篱 （5）防治病虫害：介壳虫在第二次蜕皮后陆续转移到树皮裂缝、树洞、树干基部、墙角等处，可以用硬竹扫帚扫除，然后采用集中深埋、喷药等方法清除。天牛也开始活动，可以用嫁接刀或自制钢丝挑除幼虫，注意伤口越小越好 （6）草花：为迎接五一劳动节，替换冬季草花，并注意浇水
5月	5月份气温急剧上升，树木生长迅速	（1）浇水：树木展叶旺盛生长，水分需求量很大，应适时浇水 （2）修剪：对行道树进行第一次剥芽修剪 （3）在5月中下旬喷洒10～20倍的松脂合剂及50%三硫磷乳剂1500～2000倍液，以防治病虫害
6月	6月份气温较高	（1）浇水：植物需水量大，要及时浇水，不能"看天吃饭" （2）施肥：松土、除草、施肥、浇水，以达到最好的效果 （3）修剪：继续对行道树进行剥芽除蘖，对绿篱和部分灌木实施修剪 （4）排水工作：大雨天气时要注意低洼处的排水工作 （5）防治病虫害：6月中下旬，刺蛾进入孵化旺盛期，应采用50%杀螟松乳剂500～800倍液喷洒（或用复合BT乳剂进行喷施），同时继续对天牛进行人工捕捉 （6）做好防汛防台风前的检查工作，对松动、倾斜的树木进行扶正、加固及重新绑扎
7月	7月份气温最高，中旬以后会出现大风大雨天气	（1）移植常绿树：雨季期间，水分充足，可以移植针叶树和竹类，但要注意天气变化，一旦碰到高温要及时浇水 （2）排涝：大雨过后要及时排涝 （3）施肥：在下雨前干施氮肥等速效肥 （4）行道树：进行剥芽修剪，对电线造成干扰的树枝一律剪除，并对树桩逐个检查，发现松垮、不稳应立即扶正绑紧 （5）防治病虫害：继续对天牛及刺蛾进行防治。对于天牛，可以采用50%杀螟松1∶50倍液注射（或果树宝、园科三号）。还要及时剪除香樟樟巢螟，并销毁巢穴，以免形成二次危害

续表

月份	气候特征	绿化养护计划
8月	8月份仍为雨季	（1）排涝：大雨过后，对低洼处要及时排涝 （2）行道树：继续做好行道树的防风工作 （3）修剪：除树木的夏季修剪外，还要对绿篱进行造型修剪 （4）中耕除草：杂草生长旺盛，要及时拔除，可结合除草进行施肥 （5）防治病虫害：以捕捉天牛为主，同时注意防治白粉病和腐烂病
9月	9月份气温有所下降，要做好迎国庆相关工作	（1）修剪：为迎接国庆，进行绿地除草、草坪切边，并及时清理死树，做到树木青枝绿叶、绿地干净整齐 （2）施肥：对一些生长较弱、枝条不够充实的树木，追施一些磷钾肥 （3）草花：为迎接国庆，换上一些颜色鲜艳的草花，而且浇水要充足 （4）防治病虫害：本月穿孔病高发，可采用50%多菌灵1000倍液喷洒，同时加强根部天牛的捕捉。对杨树、柳树上的木蠹蛾也要及时防治 （5）节前做好各类绿化设施的检查工作
10月	气温下降，下旬即进入初冬，树木开始落叶，陆续进入休眠期	（1）做好秋季植树的准备：下旬耐寒树木一落叶，就可以开始栽植 （2）绿地养护：及时去除死树，做好绿地浇水、草坪挑草与切边工作，草花生长不良的要施肥 （3）防治病虫害：继续捕捉根部天牛，香樟樟巢螟也要注意防治
11月	土壤开始夜冻日化，进入隆冬季节	（1）植树：继续栽植耐寒植物，在土壤结冻前完成 （2）翻土：对绿地翻土，冻死准备越冬的害虫 （3）浇水：对干燥、板结的土壤浇水，要在封冻前完成 （4）防治病虫害：各种害虫在下旬开始冬眠，防治任务相对较轻
12月	气温低，开始冬季养护工作	（1）冬季修剪：对一些常绿乔木、灌木进行修剪 （2）消灭越冬害虫 （3）做好明年的调整准备工作：落叶植物落叶后，对养护区进行观察，绘制调整方位图

三、加强监督检查

1. 做好检查工作记录

为加强对绿化工作的监督检查，物业服务企业可设计标准的记录表格（如表 9-1 所示），由绿化主管对巡查情况进行记录。

表 9-1　绿化工作巡查记录表

绿化主管：　　　　　　　　　　　　检查范围：

检查项目		_月_日	_月_日	_月_日	_月_日	_月_日	_月_日	_月_日
绿化工着装整洁，符合要求								
草坪	修剪平整，保持在 2～8 厘米							
	无黄土裸露							
	无杂草、病虫和枯黄							
乔灌木	无枯枝残叶和死株							
	修剪整齐，有造型							
	无明显病虫和粉尘污染							
绿篱	无断层缺株现象							
	修剪整齐，有造型							
	无明显病虫和粉尘污染							
花卉	无病虫							
	无杂草，花开正常							
	修剪整齐							
藤本	枝蔓无黄叶，长势良好							
	蔓叶分布均匀							
	无明显病虫和粉尘污染							

续表

检查项目		___月___日	___月___日	___月___日	___月___日	___月___日	___月___日	___月___日
浇水施肥	浇水施肥及时							
	方法正确							
	无浪费现象							
	按时检查病虫							
园艺设施	护栏、护树架、水管、水龙头完好							
	供水设施、喷灌设施等完好							
	园艺设施维修及时							
病虫害防治	绿化药剂符合标准							
	作业过程佩戴防护用具							
	提前通知业主，并设置相应标识							

备注：1.此表由绿化部门负责保存。

2.检查项目合格的打"√"，不合格的打"×"。

2.将监督检查制度化

物业服务企业应制定绿化工作监督检查制度，明确检查人员、工作程序、处理方法等，包括以下内容。

（1）由绿化主管定期对小区各区域进行巡查，发现有植物死亡或损坏，要及时通知绿化工处理，确保小区的绿化完好率达99%。

（2）监督绿化工是否按规定进行施肥、浇灌、杀虫、修剪等作业，保证小区的绿植不生虫、不缺肥、不缺水、不乱长。

（3）如发现小区绿化出现不良现象，立即通知绿化工进行养护、培植等工作。

（4）如发现有人践踏花草或破坏植物，一定要进行阻止。从而保证小区的绿化能得到有效的保护，给花草一个良好的生长环境，也给业主（用户）一个自然的环境。

四、加强安全管理

应加强对绿化工作的安全管理，确保操作人员、绿化设备、树木、花卉等的安全。同时，绿化操作人员应当按照安全操作规程进行操作，以免发生安全事件。

第二节 物业绿化工作制度

制定绿化工作制度是确保绿化工作规范、有序、高效进行的重要保障。

一、绿化工作制度的内容

表 9-2 是一些常见的物业绿化工作制度。

表 9-2 物业绿化工作制度

序号	制度名称	制度内容
1	绿化养护管理制度	明确绿化养护的具体要求、标准和流程，包括灌溉、修剪、病虫害防治等方面内容
2	园林绿地管理制度	明确园林绿地的养护、修剪和管理要求，确保绿地的完整性和美观性
3	植物种植与更换制度	明确植物种植和更换的程序和标准，包括选种、种植、养护和更换等内容
4	绿化人员工作制度	明确绿化人员的工作职责和分工，确保工作有序进行
5	绿化工作考核与奖惩制度	建立绿化工作的考核和奖惩机制，提高员工的工作积极性及工作效率
6	绿化资源管理制度	明确绿化资源的采购、使用和管理要求，确保资源得到合理利用
7	绿化安全管理制度	制定绿化工作的安全操作规程和应急预案，以确保员工和业主的安全
8	绿化环境保护制度	强调绿化工作的重要性，鼓励业主减少污染、保护生态环境
9	业主参与和反馈制度	鼓励业主参与绿化工作，为绿化工作提出合理化建议

物业服务企业可以根据自身的实际情况，不断调整和完善物业绿化工作制度，以确保绿化工作的规范化和高效化，为业主提供一个美丽、宜居的生活环境。

二、绿化工作制度的制定

制定绿化工作制度的一般步骤如图 9-1 所示。

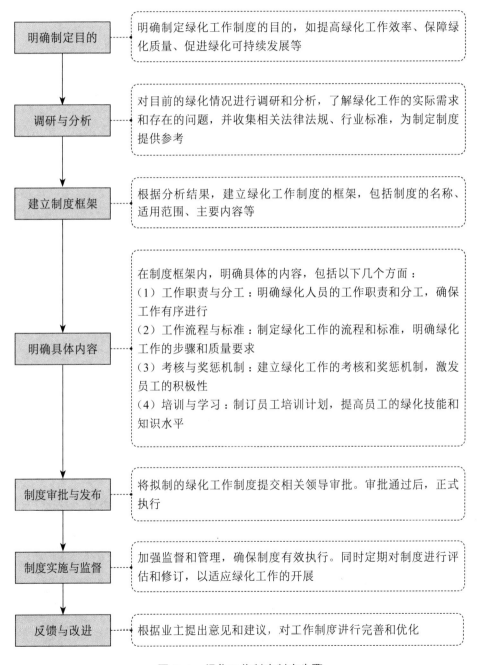

图 9-1 绿化工作制度制定步骤

第三节　绿化养护工作标准

一、绿化养护质量标准

物业服务企业应当制定明确的绿化养护质量标准，为绿化人员开展工作提供依据。下面提供一份某物业管理绿化养护质量等级标准，仅供参考。

【范本 9-02】▶▶▶ --

绿化养护质量等级标准

序号	等级	养护质量标准
1	一级	（1）绿化养护充分，植物配置合理 （2）园林植物： ① 长势良好，超过该品种平均生长量 ② 叶子健康 ——叶色正常，叶片大而厚，不存在黄叶、焦叶、卷叶、落叶，叶片上无虫尿、虫网、灰尘 ——被啃咬的叶片每株在 5% 以下（包括 5%，以下同） ③ 枝干粗壮 ——无明显枯枝、死杈，枝条粗壮 ——无蛀干、无虫卵 ——介壳虫每 100 平方厘米 1 只以下（包括 1 只，以下同） ——树冠完整，分支点合适，主侧枝分布均匀、数量适中、内膛不乱、通风透光 ④ 行道树基本无缺株 ⑤ 草坪覆盖率基本达到 100%；草坪内杂草控制在 10% 以内，生长茂盛，颜色正常，不枯黄；暖季型每年修剪 6 次以上，冷季型 15 次以上，无病虫害 （3）行道树和绿地内无死树，树木修剪合理，树形美观，不影响电线、建筑物、交通等 （4）绿化垃圾（如树枝、树叶、草末等）在重点路段能做到随产随清，其他路段能做到日产日清；绿地整洁，无砖石瓦块、筐和塑料袋等废弃物 （5）栏杆、园路、桌椅、井盖和牌饰等园林设施完整，能及时维护 （6）无明显人为损坏情况，绿地、草坪内无堆物、堆料、搭棚或侵占，行道树树干上无钉栓刻画现象，树干 2 米范围内无堆物、堆料、搭棚、设摊、圈栏等现象

续表

序号	等级	养护质量标准
2	二级	（1）绿化养护比较充分，植物配置基本合理 （2）园林植物： ① 生长正常，生长达到该树种该规格的平均生长量 ② 叶子正常 ——叶色、大小、薄厚正常 ——较严重黄叶、焦叶、卷叶、带虫尿虫网灰尘的株数在 2% 以下 ——被啃咬的叶片每株在 10% 以下 ③ 枝干正常 ——无明显枯枝、死杈 ——有蛀干、害虫的株数在 2% 以下（包括 2%，以下同） ——介壳虫每 100 厘米 2 只活虫以下 ——树冠基本完整，主侧枝分布匀称，树冠通风透光 ④ 行道树缺株在 1% 以下 ⑤ 草坪覆盖率达 95% 以上；草坪内杂草控制在 20% 以内；草坪颜色正常，不枯黄；暖季型每年修剪 2 次以上，冷季型 10 次以上；基本无病虫害 （3）行道树和绿地内无死树，树木修剪基本合理，树形美观，能较好地避开电线、建筑物、交通设施 （4）绿化垃圾能做到日产日清，绿地内无明显的废弃物，在重大节日前能进行集中清理 （5）栏杆、园路、桌椅、井盖和牌饰等园林设施基本完整，基本能做到及时维护 （6）无较严重的人为损坏，对轻微或偶尔发生的人为损坏，能及时发现和处理，绿地、草坪内无堆物、堆料、搭棚或侵占，行道树树干无明显钉栓刻画现象，树干 2 米以内无影响树木养护的堆物、堆料、搭棚、围栏等情况
3	三级	（1）绿化基本充分，植物配置一般 （2）园林植物： ① 生长基本正常 ② 叶子基本正常 ——叶色基本正常 ——严重黄叶、焦叶、卷叶、带虫尿虫网灰尘的株数在 10% 以下 ——被啃咬的叶片每株在 20% 以下 ③ 枝干基本正常 ——无明显枯枝、死杈

续表

序号	等级	养护质量标准
3	三级	——有蛀干、害虫的株数在10%以下 ——介壳虫每100厘米3只活虫以下 ——90%以上的树冠基本完整，有绿化效果 ④行道树缺株在3%以下 ⑤草坪覆盖率达90%以上；草坪内杂草控制在30%以内；草坪颜色正常；暖季型每年修剪1次以上，冷季型6次以上 （3）行道树和绿地内无明显死树，树木修剪基本合理，能较好地避开电线、建筑物、交通设施 （4）绿化垃圾在主要路段能做到日产日清，其他路段能在重大节日前集中清理 （5）栏杆、园路和井盖等园林设施比较完整，能及时维护 （6）对人为破坏情况能及时进行处理，绿地内无堆物、堆料、搭棚、侵占等，行道树树干钉栓刻画现象较少，树下无堆放石灰、搭棚、设摊、围墙、圈占等情况

二、绿化养护工作评定标准

物业服务企业应当将绿化养护工作的质量同绿化人员的工资挂钩，从而促进绿化人员做好绿化工作。下面提供一份某物业管理处的绿化养护工作评定标准，仅供参考。

【范本9-03】▶▶▶

常规绿化养护工作评定标准

序号	项目	标准内容	评分细则
1	绿化人员行为15分	（1）精神饱满、微笑服务，不得萎靡不振、无精打采；行走坐立端庄，无影响公司形象的动作；不得吃口香糖、食品等	每处不合格扣2分，严重不合格扣5分
		（2）相貌端庄；男士头发不遮盖眼眉，鬓角不超过耳屏，脑后发不得触及衣领，女士不得留披肩发；男士不留胡须，鼻毛不得长出鼻孔；面部、手部无影响美观的装扮物	
		（3）统一着装，佩戴工作牌；服装、鞋袜无破损，整洁干净；不得披衣、敞怀、挽裤腿，不得穿拖鞋或赤脚，不得佩戴饰物	

续表

序号	项目	标准内容	评分细则
1	绿化人员行为15分	（4）能主动和业主、同事打招呼；不得有不文明行为或语言，不得故意躲避业主或对业主视而不见	同上
		（5）工作认真，不迟到、不早退；有特殊情况按规定请假，不旷工	
2	基本要求20分	（1）各项绿化工作应有记录，并且每月进行一次汇总存档	每处不合格扣3分，严重不合格扣5分
		（2）树木标志牌安放有序，外观完好、整洁	
		（3）绿地没有遭到破坏、践踏、占用，设置的护栏整齐有序，不歪斜、无损坏	
		（4）植物无枯枝、无黄叶（冬春季部分落叶除外）、不萎蔫，无缺苗、无死苗，绿地内无明显杂草	
		（5）绿地无纸屑、烟头、石块等杂物，灌木及室外盆栽叶片目视无污渍和黑灰	
		（6）乔木所施肥料应埋入土壤，树干周围土壤表面无肥料残留；灌木施肥均匀，肥料不留在叶面；施肥后立即浇水	
		（7）无操作不当造成的药害（如卷叶、烧叶等）；喷药时和喷药后应设立警示牌	
		（8）浇水时不污染地面	
3	室内绿化摆放30分	（1）室内花卉的叶面枝杆上无浮灰，叶色翠绿、光洁，花朵鲜艳，无明显黄叶、焦叶、落叶	每处不合格扣3分，严重不合格扣5分
		（2）定期撤换花卉盆景，发现花卉枯萎或凋谢时应及时摘除或调换	
		（3）根据业主需要，在公共部位摆放绿植，布局合理、疏密有度	
		（4）盆栽植物的色彩、形态和室内空间及功能相协调	
		（5）室内光照度、温度、湿度适宜，花卉盆景观赏性强、观赏周期长	
		（6）应选用无毒、无害、无异味的园艺型肥料，并在室外施药，待药物挥发完方可搬入室内	
		（7）对浇水、修剪、施肥等进行有效控制	

序号	项目	标准内容	评分细则
4	室外绿化养护 25分	（1）对乔木剪除内生枝、重枝、病（虫）枝,乔木造型自然、优美,侧枝离窗户至少1米,无病株、病枝、病叶,受虫害的叶片数少于3%,30厘米长细枝条介壳虫少于10只	每处不合格扣3分,严重不合格扣5分
		（2）对灌木剪除病枝、枯枝、交叉枝、徒长枝;灌木造型美观,边缘流畅,不散乱,生长健康,无病害、虫害	
		（3）绿篱修剪平整、不断行,外观线条流畅	
		（4）草地成活率在95%以上,草地绿期在300日以上,草坪每年普修8遍以上,草屑即时清理,切边修整每年2次,无明显枯草、杂草;春夏季草坪长度保持在3～5厘米,秋冬季不超过6厘米,边缘整齐,分界线流畅;草坪无积水,无因养护不当造成的成片枯死（超过0.2平方米）	
		（5）树木非正常落叶、焦叶、卷叶以及有虫屎、虫网、积尘叶的株树应在3%以下,树木无明显蛀虫:枝干无机械损伤,无钉栓、捆绑现象;树冠长势好,形态直立美观,叶色、叶片正常;树木有缺株、枯木、损坏等应及时补种	
		（6）每年中耕除杂草、疏松表土10次以上,土壤疏松通透	
		（7）按植物生长情况适时适量施肥,每年普施基肥不少于1遍,花灌木追肥不少于2遍;植物、草皮根部土壤保持疏松、无板结	
		（8）花坛图案清晰和高度适宜,无缺水枯萎现象,花坛土壤湿润、泥面不开裂,叶色、大小正常	
5	应急处理 5分	（1）台风来临前,对枝叶过多或高大植物进行剪枝;把所有乔木用支架绑牢固;把室外盆栽植物搬入室内或避风处	每处不合格扣2分
		（2）暴雨前应检查排水设施是否畅通,管道堵塞或有积水时应及时采取措施	
		（3）台风、暴雨过后,及时解除所有乔木支撑,对毁坏树木及时修整	
6	安全保护 5分	（1）应设立存放农药的独立仓库或空间,并建立农药管理制度	每处不合格扣2分
		（2）高空作业时,应佩戴安全带、安全绳等,采取必要的防护措施;使用高梯应两人作业,其中一人在下面扶稳梯子	
		（3）施药前检查植物病虫害的程度;仔细阅读农药使用说明书,查看农药的有效日期	

续表

序号	项目	标准内容	评分细则
6	安全保护5分	（4）配置农药时，一定要按说明书进行，防止浓度过高污染环境和伤害植物	同上
		（5）晴天喷农药时要戴口罩、手套，切忌在炎热中午和雨天喷药；喷完农药后要立即洗澡、换衣服，避免伤害身体	
		（6）喷洒农药前检查喷雾器水箱是否漏水，加压器能否操作，喷雾器喷头是否堵塞	
		（7）使用农药时，要轻拿轻放，防止农药洒在地面而污染环境，或溅落到人身上	
		（8）盛装农药的物品应集中回收处理	
		（9）设备加油时，润滑油、汽油、机油油位不得超过标高；汽油油箱内不准有杂物、粉末及水分，停机熄火后才能加油	
		（10）修剪设备的刀片、螺母安装正确，确保机器处于安全状态	
		（11）修剪前检查草地上是否有石头、木棍及其他杂物	
		（12）修剪作业时不得赤脚、穿拖鞋，要穿长裤、保护鞋，戴防护眼罩，不得跑步操作，有异常震动或与异物撞击时，要立即停机	
		（13）节约用水，根据植物干旱程度进行灌溉。通常草坪和灌木的浇灌次数较多，乔木的浇灌次数相对较少，切忌在灌溉过程中出现操作人员离开现场的情况	

💡 **请牢记：**

　　绿化人员必须清楚各类绿化养护工作的质量标准，并根据标准开展工作，确保物业区域的绿化情况满足要求。

学习笔记

　　通过学习本章内容，想必您已经有了不少学习心得，请详细记录下来，以便后续巩固学习。如果您在学习中遇到了一些难点，也请如实记下来，以便今后进一步学习，彻底解决这些问题。

我的学习心得：

1. _____
_____
2. _____
_____
3. _____
_____
4. _____
_____
5. _____
_____

我的学习难点：

1. _____
_____
2. _____
_____
3. _____
_____
4. _____
_____
5. _____
_____

第十章　物业绿化常用设备与工具

>>>>> 培训指引

　　物业绿化工作会用到一些设备与用具，绿化人员应当熟练使用绿化设备与用具，高效、快捷地开展相关工作。

第一节　绿化常用设备

一、割灌机

　　割灌机是绿化工作中经常使用的一种设备，主要用于杂草清除、低矮小灌木的割除和草坪边缘的修剪。

1. 对操作者的要求

　　（1）操作人员必须经过培训，使用前要仔细阅读说明书。

　　（2）未成年人不能使用割灌机。

　　（3）酒后绝对不能使用割灌机。

　　（4）过度疲劳、患病的人，不能使用割灌机。

　　（5）连续强烈操作割灌机后，一定要好好休息。

2. 作业时的劳动保护

　　（1）作业时要穿紧身的长袖上衣和长裤，切不可穿短袖、裙子。

　　（2）作业时要戴上工作手套。

　　（3）作业时要戴好安全帽。

　　（4）作业时要穿防滑工作鞋。

　　（5）作业时要戴上防护眼镜。

（6）割灌机工作时会发出强烈的噪声，作业人员应戴上耳塞等保护用具。

 请牢记：

　　操作割灌机时，不要戴围巾、领带，不要佩戴首饰，长发要扎起来，以防被小树杈缠住，而造成不必要的危险。

3. 操作前的检查

（1）检查安全装置是否牢固，螺丝和螺母是否松动，燃油是否泄漏，刀片的安装螺丝及齿轮箱螺丝是否紧固，如有松动应拧紧。

（2）检查工作区域内有无电线、石头、金属物体及妨碍作业的杂物。

（3）检查刀片是否有缺口、裂痕、弯曲等情况。

（4）检查刀片有无异常响声，如有，要检查刀片是否夹好。

（5）启动发动机前，一定要确保割灌机离开地面或者有障碍物的地方。

（6）启动发动机前，一定要确认周围无闲杂人员。

（7）启动发动机前，一定要先确认刀片是否已离开地面。

（8）低温启动时应将阻风门打开，热车启动时可不用阻风门。

（9）慢慢拉出启动绳，直到拉不动为止，弹回后再快速用力拉出。

（10）空负荷时应将油门扳至怠速或小油门位置，以防止发生飞车现象；工作时应加大油门。

（11）油箱中的油全部用完后重新加油时，手动油泵最少压5次后，再重新启动。

（12）不要在室内启动发动机。

4. 技术保养

（1）新出厂的割灌机从开始使用到第三次灌油的期间为磨合期，使用时不要让发动机无载荷高速运转，以免给发动机带来额外负担。

（2）长时间全负荷作业后，应让发动机做短时间空转，利用冷却气流带走大部分热量，使驱动装置（点火装置、化油器）不会因为热量积聚而产生不良后果。

（3）空气滤清器的保养。将风门调至阻风门位置，以免脏物进入进气管。把泡沫过滤器放置在干净非易燃的清洁液（如热肥皂水）中清洗并晾干。过滤器如果不太脏，可轻轻敲一下或吹一下，损坏的滤芯必须更换。

（4）火花塞的检查。如果出现发动机功率不足、启动困难或者空转等问题，首先检查火花塞。可清洁已被污染的火花塞,检查电极的距离,正确距离是0.5毫米,必要时调整。为了避免产生火花或引发火灾,如果火花塞有分开的接头,一定要将螺母旋到螺纹上并旋紧,将火花塞插头紧紧压在火花塞上。

5. 割灌机的保管

如果连续三个月以上不使用割灌机,则应按以下方法保管。

(1)在通风处放空汽油箱,并清洁。

(2)放干化油器,否则化油器泵膜会黏住,影响下次启动。

(3)启动发动机,直至发动机自动熄火,以彻底排净燃油系统中的汽油。

(4)彻底清洁整台机器,特别是汽缸散热片和空气滤清器。

(5)润滑割灌机各润滑点。

(6)将机器放置在干燥、安全处,以防无关人员接触。

6. 安全操作规程

(1)按规定穿工作服和戴相应劳保用品,如头盔、防护眼镜、手套、工作鞋等,还应穿颜色鲜艳的背心。

(2)机器运输中应关闭发动机。

(3)加油前必须关闭发动机。工作中热机无燃油时,应停机15分钟,待发动机冷却后再加油。

(4)不要在使用机器时或在机器附近吸烟,以防止发生火灾。

(5)保养与维修时,一定要关闭发动机,卸下火花塞高压线。

(6)在作业点周围应设立警示牌,以提醒人们注意,无关人员最好离机器15米以外,以防被抛出来的杂物伤害。

(7)注意怠速的调整,应保证松开油门后刀头不跟着转。

(8)必须先把安全装置装配牢固再操作。

(9)如碰撞到石块、铁丝等硬物,或是刀片受到撞击时,应将发动机熄火,检查刀片是否受损,如果有异常情况,应停止使用。

(10)加油前必须关掉发动机,发动机过热时不能加油,且油料不能溢出。

(11)在高温或寒冷的天气作业时,不要长时间连续操作。

(12)雨天不要进行作业;大风或大雾等恶劣天气也不要作业。

(13)发动机运转时或添加燃油时不要吸烟。

(14)添加燃油时,应先将发动机停止冷却,在没火源的地方操作。

（15）添加燃油时，一定不要泄漏。如果发生泄漏，应擦拭干净后再加油。

（16）割灌机加完燃油后，应将机器移到其他地方进行启动。

（17）操作时尽量不要碰撞石块或树根。

（18）长时间操作时，中途应休息，同时检查各零部件是否松动，特别是刀片部位。

（19）操作时一定要紧握手把，适当分开双脚，以保持平衡。

（20）操作时不要着急。

（21）操作中断或移动机器时，一定要先停止发动机，使刀片朝向前方。

（22）搬运或存放机器时，刀片上一定要有保护装置。

（23）使用灌木丛锯片砍伐树木时，树桩直径不能超过 2 厘米。

（24）只能用塑料绳做切割头，不能用钢丝代替。

二、草坪割草机

绿化人员应正确使用和维护草坪割草机，以延长其使用寿命。

1. 割草机的安全操作

（1）割草之前，必须先清除割草区域的杂物，检查发动机的机油面、汽油量、空气滤清器的过滤性能、螺钉的松紧度、刀片的松紧度和锋利程度。

（2）冷机状态下启动发动机，应先关闭风门，重压注油器 3 次以上，将油门开至最大。启动后再适时打开风门。

（3）割草时，不要赤脚或穿凉鞋，应穿工作服和工作鞋。

（4）操作前仔细阅读割草机说明书，掌握紧急情况下处置措施。

（5）在检查或维修割草机时，一定要关闭发动机并拔掉火花塞罩。

（6）经常检查各螺帽、螺丝和螺钉，确保割草机处于安全状态。

（7）只能在室外且启动发动机前添加燃油。给发动机加油时，不要吸烟。当发动机正在运转或温度较高时，不要揭开油箱盖或加油。如果燃油溢出，不要启动发动机，应将割草机放到远离油渍的位置，直到燃油挥发完，以免发生火灾。

（8）割草的地方如果有人，特别是有小孩或动物，不要割草。

（9）及时更换有故障的消声器。

请牢记：

若割草区域坡太陡，应顺坡割草；若坡度超过30度，最好不使用草坪割草机；若草坪面积太大，草坪割草机连续工作时间最好不要超过4小时。

2. 割草机的维护

（1）定期全面清洗，并检查所有螺钉是否紧固，机油油面是否符合规定，空气滤清器性能是否良好，刀片有无缺损等。

（2）根据草坪割草机的使用年限，确定易损配件的检查或更换周期。

三、绿篱修剪机

绿篱修剪机的用途是修剪树篱、灌木。

1. 使用要求

（1）使用前一定要认真阅读使用说明书，了解机器的性能以及注意事项。

（2）为了避免发生意外事故，请勿将绿篱修剪机用于其他用途。

（3）绿篱修剪机安装的是高速往复运动的切割刀，如果操作有误，是很危险的。在疲劳或不舒服、服用感冒药或饮酒之后，不能使用绿篱修剪机。

（4）发动机排出的气体含有一氧化碳。因此，不要在室内或隧道内等通风不良的地方使用绿篱修剪机。

请牢记：

以下几种情况不能使用绿篱修剪机：脚下较滑，难以保持稳定的作业姿势时；因浓雾或在夜间，对作业现场周围情况难以确认时；天气不好时（下雨、刮大风、打雷等）。

（5）初次使用时，一定要请有经验的人员对绿篱修剪机的使用进行指导。

（6）过度疲劳会使人的注意力降低，从而造成事故，所以，每次作业时间不能超过40分钟，作业后要有10～20分钟的休息，一天的作业时间应限制在2个小时以内。

2. 所需的劳动保护用品

（1）使用绿篱修剪机时，要穿着适合室外作业的服装，并戴好以下防护用品。

① 作业帽（在坡地作业时要戴头盔），应将长发扎起来并保护好。

② 防尘眼镜或面部防护罩。

③ 坚固结实的劳保手套。

④ 防滑鞋。

⑤ 耳塞（特别是长时间作业时）。

（2）请务必携带以下用品。

① 机器附属工具及钢锉。

② 备用燃料。

③ 替换用的刀片。

④ 标示作业区域的用具（绳索、木牌）。

⑤ 哨子（共同作业或遇紧急情况时使用）。

⑥ 砍刀、手锯（铲除障碍物时使用）。

（3）请不要穿裤脚宽大的裤子，也不要赤脚、穿凉鞋或草鞋等作业。

3. 燃料添加

（1）绿篱修剪机发动机所使用的燃料是机油和汽油混合油，属易燃品。请不要在焚烧炉、喷烧器、炉灶等地方加油或存放燃料。

（2）作业或加油时不要吸烟。

（3）使用过程中没有燃油了，一定要先将发动机停下来，确认周围没有烟火后再加油。

（4）加油时如果燃油泄漏，一定要将机体上附着的燃油擦干净之后，再启动发动机。

（5）加油后应将容器密封，然后在离燃油容器 3 米以外的地方启动发动机。

4. 注意事项

（1）开始作业前，要先弄清现场的状况（地形、绿篱性质、障碍物的位置、周围的情况等），清除可以移动的障碍物。

（2）以作业者为中心、以 15 米为半径的圆内为危险区域，为防他人进入，应用绳索围起来或设立警示牌。另外，几个人同时作业时，应不时地互相打招呼，并保持一定间距。

（3）开始作业前，应认真检查机体各部件，确认螺丝有无松动，有无漏油、损伤或变形等情况，尤其要检查刀片以及刀片连接部位。

（4）确认刀片没有崩刃、裂口、弯曲之后方可使用，绝对不可以使用有异常的刀片。

（5）使用研磨好的锋利刀片。

（6）研磨刀片时，为防止刀刃崩裂，一定要把齿根部锉成弧形。

（7）在拧紧螺丝、上好刀片后，要先用手转动刀片，检查有无上下摆动或异常声响。

四、剪枝机

1. 使用前准备

（1）详细阅读使用说明书。

（2）穿戴好相应的服装和防护用品。

（3）检查设备的安全状况或性能。查看天气和现场是否适合操作。

2. 启动引擎

（1）启动引擎时，要仔细确认周围（半径 15 米以内）的安全。

（2）启动引擎时，机体要放在地上按住，勿让加油柄碰到地面或周围的障碍物。

（3）将加油柄设定在"启动速度"的位置上，然后启动引擎。

（4）启动引擎后，如调节阀完全退回而刀片仍然旋转不停，应马上将引擎停下来，对加油门以及其他部位进行检修。

（5）注意机体反弹。机体反弹是指高速旋转的刀片碰到石块、树木、混凝土、木桩、支柱等坚硬的固定物体时，由于反作用力，机体在一瞬间剧烈抖动的现象。发生反弹时，机体会突然出现振动，有可能使作业者无法正常操作。为防止发生机体反弹，请务必遵守以下事项。

① 不要让刀片碰到硬物、桩柱、钢丝以及岩石，以免损伤刀片。

② 作业时，一定要紧握手把，不要握其他部位。

③ 作业时，眼睛一定要盯住刀片。如果眼睛离开刀片，要先将加油柄扳回到"启动速度"的位置。

④ 操作时不要使刀片靠近自己的脚或将其抬高至腰部以上位置。

3. 安全搬运

（1）搬运时，请务必在刀片上安装上防护罩。

（2）用汽车运输时，应用绳索将机体牢固定在车槽内。切勿用自行车或摩托车运输。

（3）切勿将燃油装在燃油箱中长时间搬运，以免燃油外漏。

4. 规范作业

（1）作业时紧握机体握把部分。中断作业时，将加油柄扳回到"启动速度"的位置后再松开手。

（2）作业时要保持稳定的姿势。

（3）引擎的转速请保持规定的速度内，不要随意提高。

（4）去除缠绕在刀片上的树枝，对刀片、机体进行检查或加油时，要先将引擎关闭，待刀片完全停止转动后再操作。

（5）当刀片碰到石块等坚硬的东西时，要立即将引擎关闭，检查刀片是否受损，如有异常，要停止作业，换上正常的刀片。

（6）作业中如后边有人打招呼，一定要关掉引擎后再回头。

（7）引擎运转时，切勿用手触摸火花塞或高压线，以免触电。

（8）引擎停止后，千万不可马上用手触摸消声器或火花塞，以免烫伤。

（9）移动机器时，要先将引擎关闭，走路时要让刀片朝前。

5. 检查与维修

（1）关于设备：

① 检修时，请务必将引擎关掉。

② 安装、卸下或研磨刀片时，为防止受伤，一定要戴上结实的手套。

③ 及时更换损坏的刀片。

（2）关于油料：

① 汽油为易燃品。

② 不得在燃油附近吸烟或玩弄带有火焰和火星的物件。

③ 在启动引擎之前要整理好周围散乱的物品。

④ 在加油之前必须确认引擎停止并冷却。

⑤ 在加油和储油地必须严禁烟火。

五、打药机

1. 打药机的使用

（1）要严格按说明书的要求操作打药机。

（2）使用前要检查机器燃油是否充足。

（3）检查车辆是否完好，打药管有无漏洞。

（4）检查机器上的螺丝、螺栓等是否牢固。

（5）一切检查正常后，方可打药。

2. 注意事项

（1）为了业主的安全，每次打药时，应提前 2 ～ 3 天张贴打药通知，提醒业主注意，带好小孩，管好宠物。

（2）操作人员必须戴好口罩和手套，穿长衣长裤，戴防风眼镜，以防中毒。

（3）根据不同的病虫害，选择不同的药物。药品要严格按照说明进行配置。

六、洒水车

洒水车是一种很常见的绿化设备。

1. 车辆使用前检查

（1）车辆驾驶室上方 1 米、前方 1.5 米的范围内，不得有任何障碍物，车辆应停在平整或右侧较低的路面上，将驾驶室内所有未固定物品搬下来，将变速杆放置空档。

（2）驾驶室翻起时，必须先打开散热器面罩，使其处于翻起状态，禁止人员进入驾驶室。

（3）对车辆进行全面检查，确保车辆符合安全运行条件。

2. 洒水作业

（1）洒水车前喷头位置较低，靠近地面，喷洒压力较大，可用于冲洗路面；后喷头位置较高，洒水面较宽，可用于公路施工洒水。使用后喷头时，应将前喷管关闭。

（2）洒水作业中如果和行人或车辆交会，应主动减小或关闭洒水开关，尽量不要把水喷溅到行人身上。

3. 车辆行驶注意事项

（1）洒水车在下雨、冰雪、泥泞、渣油路面行驶时，要注意防滑，时速不得超过 30 公里，不准空挡滑行，与行人、车辆保持足够的安全距离，避免急加速和紧急制动，发生紧急情况及时利用发动机的制动作用减速，随时做好停车准备。严禁紧急制动，以防失去控制而造成事故。

（2）行驶中遇到大风、雷雨时，不准在树下或电线杆下停车，以免发生触电事故。

（3）雾天行车要打开防雾灯，勤鸣喇叭。浓雾天可见距离小于 50 米时，应选择安全地点停车，不准冒险行驶，同时打开遇险警报开关，左右转向灯同时闪烁。

（4）车辆上坡时，要及时变换挡位，做到高速挡不硬撑，低速挡不硬冲，爬坡自如。下坡时严禁加速和熄火滑行，陡坡时不准空挡滑行。

（5）超越前方车辆时，要注意观察车辆前方有无障碍物，不准强行超车；后方车辆要求超车时，要及时让行。

（6）注意观察车辆的运行情况，制动、转向、主挂车连接装置、各部灯光等是否正常。途中发生故障时，必须停车检查，不准冒险行车。

（7）车未停稳，不准打开车门。

4. 维修与维护

（1）维修时，应选择平坦地点停车，同时拉紧手制动器，将变速杆放入空挡，前后轮用三角木塞住，以防车辆溜放发生事故。

（2）每周至少一次，打开水箱排污管，将箱内积存的杂物排出，直到排出清水。如果长时间内没有洒水任务，应将水箱内的水排干。

第二节　绿化常用工具

一、六齿耙

六齿耙主要用于平整土地，苗床整形，树坛、花坛整形。

1. 六齿耙的使用

使用者两脚前后站立，左右手握耙间隔 70 厘米左右。在拉土整地过程中，六齿耙既能向后拉耙，也能向前推耙。

2. 六齿耙的保养

用完后，擦净泥土，保持干净即可。如长期不用，将钉耙内外的泥土洗刷干净，干燥后涂抹黄油或机油保护。

二、锄头

锄头主要用来除草、松土。

1. 锄头的使用

锄草方式分为两种，一种是"拉锄"，另一种是"斩锄"。

（1）拉锄

拉锄时，两手先将锄头端起向前送出，锄刀下落时，两手略用力，顺势把锄头向后拉拽，将草除掉。

（2）斩锄

斩锄时，锄头下落时要用力，然后往回斩草。

2. 锄头的保养

使用后，将锄头上的泥土擦净即可。如较长时间不用，应清除锄头上的泥土，磨好，涂抹黄油或机油挂好，或用塑料薄膜包好保存。

三、手锯

手锯用于园林植物的大枝修剪、植物移植时的根系修剪。

1. 手锯的使用

手锯携带方便，使用灵活，在使用手锯时，锯片拉拽必须直来直去、用力均匀、不偏不倚。

2. 手锯的保养

使用后，及时清除锯齿及锯片上的残留物。如较长时间不用，还应在锯片各部位涂抹黄油，然后装入塑料袋内置于干燥处，以防生锈。

四、大草剪

大草剪主要用于草坪、绿篱和树木的造型修剪。

1. 大草剪的使用

（1）准备工作：应确保修剪区域已经清理干净，没有杂物或石头等障碍物。同时，检查大草剪的刀片是否锋利，如果刀片钝了，应及时更换或磨利。

（2）握持方式：通常一只手握住上方的手柄，另一只手握住下方的手柄。握持方式应稳定且舒适，这样有助于更好地控制大草剪。

（3）修剪技巧：将大草剪的刀片对准要修剪的草坪或植物，然后用力将两个手柄向一起挤压，使刀片切割草坪或植物。修剪时，要保持稳定的姿势和力度，避免忽快忽慢或忽轻忽重，以确保修剪效果更加整齐。

（4）注意事项：在使用大草剪时，要注意安全。避免在大风天或雨天使用，以免因视线不清或手柄湿滑而发生意外。同时，要定期检查和清洁大草剪，使其保持良好的性能。

2. 大草剪的保养

大草剪使用后，应及时打磨剪片及除去磨口处的树液积垢。如果久放不用，可在剪片和剪刃部涂抹黄油，以防生锈。

五、剪枝剪（弹簧剪）

剪枝剪主要用于修剪、插穗等。

1. 剪枝剪的使用

应根据所修剪植物的种类和大小，选择合适的剪枝剪。对于较粗的枝条，应选择刀刃较长、较坚固的剪枝剪。

（1）准备工作：在修剪前，先清理修剪区域，确保没有杂物或障碍物。同时，检查剪枝剪的刀片是否锋利，如果刀片钝了，应及时更换或磨利。

（2）握持方式：通常一只手握住上方的手柄，另一只手握住下方的手柄。握持方式应稳定且舒适，这样有助于更好地控制剪枝剪。

（3）修剪技巧：修剪时，将剪枝剪的刀片对准要修剪的枝条，然后用力将两个手柄向一起挤压，使刀片切割枝条。对于较粗的枝条，可以先从下方斜向上方剪一刀，再从上方斜向下方剪一刀，这样可以确保剪口更加平整。

（4）注意事项：在使用剪枝剪时，要注意安全。避免在大风天或雨天使用，以免因视线不清或手柄湿滑而发生意外。同时，要定期检查和清洁剪枝剪，使其保持良好的性能。

2. 剪枝剪的保养

剪枝剪使用后，应及时清除上面的垢物和泥土，并磨好备用。此外，还应定期拆装磨刃，在螺丝、螺帽周围涂抹机油，以防生锈。

六、喷雾器

喷雾器是园艺工作中常用的工具，主要用于喷洒农药、肥料、水或其他液体。

1. 使用喷雾器的准备工作

使用喷雾器的准备工作如图 10-1 所示。

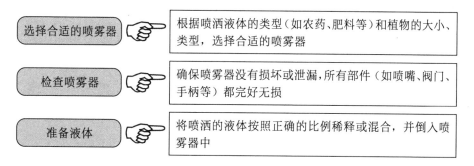

图 10-1　使用喷雾器的准备工作

2. 填充液体

填充液体的步骤为：

（1）打开喷雾器的盖子或容器部分。

（2）慢慢倒入液体，避免溢出。

（3）关闭喷雾器的盖子。

3. 使用喷雾器

喷雾器的使用步骤如图 10-2 所示。

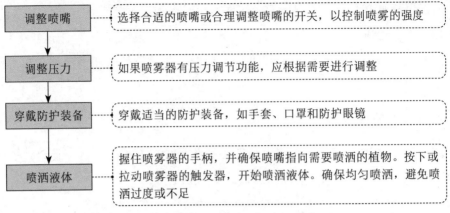

图 10-2　喷雾器的使用步骤

4.注意事项

使用喷雾器应注意图 10-3 所示的事项。

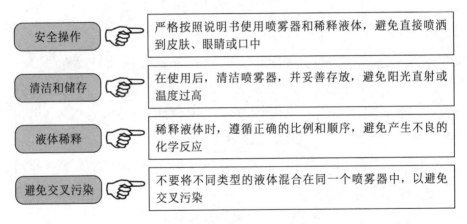

图 10-3　使用喷雾器的注意事项

5.维护和保养

（1）定期检查喷雾器的密封性和喷嘴的状况。

（2）如果喷雾器长时间不使用，应将其清空并妥善存放。

（3）定期更换磨损的部件。

七、铁铲

铁铲主要用于翻地、挖穴、开沟、起苗、种植等。

1. 铁铲的使用

使用时，人体自然站立，微收腹，重心略向前；一只手把握铲柄支点，另一只手握住把手，用脚踏住铁铲，用力蹬踏；然后用手将铲柄向后扳拉，用力翻挖即可。

2. 铁铲的保养

铁铲的保养分为临时保养和长期保养，如图 10-4 所示。

图 10-4　铁铲的保养

学习笔记

通过学习本章内容，想必您已经有了不少学习心得，请详细记录下来，以便后续巩固学习。如果您在学习中遇到了一些难点，也请如实记下来，以便今后进一步学习，彻底解决这些问题。

我的学习心得：

1. _____
   _____
2. _____
   _____
3. _____
   _____
4. _____
   _____
5. _____
   _____

我的学习难点：

1. _____
   _____
2. _____
   _____
3. _____
   _____
4. _____
   _____
5. _____
   _____

第十一章　草坪养护与管理

>>>>> 培训指引

　　草坪的养护与管理是确保草坪美观、健康生长的关键。草坪的养护与管理需要从多个方面入手，包括浇水、施肥、修剪、除草以及病虫害防治等。通过科学合理的养护与管理，可以提高草坪的观赏价值，促进草坪健康生长。

第一节　草坪修剪

修剪是草坪养护中最重要的项目之一，也是提高草坪养护质量的主要方式。修剪的目的不仅仅是美观，还可以保持草坪平整，促进草分枝与伸长，提高草坪的密度，改善透气性，减少病虫害的发生。

一、修剪原则

每次修剪量不能超过茎叶组织纵向总高度的 1/3，也不能伤害根茎，否则，地上茎叶生长与地下根系生长不平衡，从而影响草坪草的正常生长。

二、修剪高度

修剪高度（留茬高度）是修剪后地上枝条的垂直高度。

草坪草修剪得越低，草坪根系分布越浅，浅的根系需要大量的水和肥料，以弥补植物所需的水分与营养。根系越浅，较小蘖枝之间竞争也会越大，如图 11-1 所示。

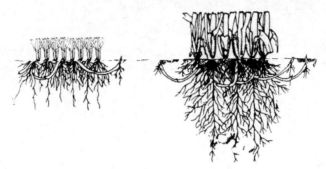

图 11-1　修剪高度对草坪根系的影响

维护低矮草坪的难度要比高草坪大。

1. 耐剪高度

每一种草坪草都有特定的耐剪高度范围，在这个范围内，草坪质量就会很高。低于耐剪高度，会发生茎叶剥离，或过多绿色茎叶被去掉，使老茎裸露，甚至造成地面裸露。高于耐剪高度，草坪草会变得蓬松、柔软、匍匐，难以达到令人满意的效果。

受草坪草的遗传特点、气候条件、栽培管理技术及环境因素影响，多数情况下，草坪修剪的精度不高。不同的草坪草，耐受的修剪高度不同。

（1）直立生长的草坪草，一般不耐低矮修剪，如草地早熟禾和高羊茅。

（2）具有匍匐茎的草坪草，如匍匐翦股颖和狗牙根，可耐低矮修剪。

（3）常见草坪草耐低矮修剪能力由高到低的顺序为：匍匐翦股颖、狗牙根、结缕草、野牛草、黑麦草、早熟禾、细羊茅、高羊茅。

2. 常见草坪修剪高度

常见草坪的修剪高度，如表 11-1 所示。

表 11-1　常见草坪修剪高度

冷季型草	高度（厘米）	暖季型草	高度（厘米）
匍匐翦股颖	0.35 ～ 2.0	结缕草	1.5 ～ 5.0
草地早熟禾	2.5 ～ 5.0	结缕草（马尼拉草）	3.0 ～ 4.5
粗茎早熟禾	4.0 ～ 7.0	野牛草	2.5 ～ 5.0
细羊茅	3.5 ～ 6.5	狗牙根（普通）	1.5 ～ 4.0

续表

冷季型草	高度（厘米）	暖季型草	高度（厘米）
羊茅	3.5～6.5	狗牙根（杂交）	1.0～2.5
硬羊茅	2.5～6.5	地毯草	2.5～5.0
紫羊茅	4.0～6.0	假俭草	2.5～5.0
高羊茅	5.0～8.0	巴哈雀稗	2.5～5.0
多年生黑麦草	4.0～6.0	钝叶草	4.0～7.5

3. 修剪高度的确定

修剪高度确定的要点如图 11-2 所示。

要点一	冷季型草坪：夏季适当提高修剪高度，来应对高温、干旱
要点二	暖季型草坪：应该在生长早期与后期提高修剪高度，以提高草坪的抗冻能力，加强光合作用
要点三	生长在阴面的草坪草，无论是暖季型还是冷季型，修剪高度应比正常情况高 1.5～2.0 厘米，以加强光合作用
要点四	进入冬季，草坪要修剪得比正常情况低一些，这样可以增加草坪绿期，有利于春季提早返青
要点五	在草坪草胁迫期，应当提高修剪高度。在高温干旱或高温高湿期间，降低草坪草修剪高度是非常危险的
要点六	春季返青之前，应尽可能降低修剪高度，剪掉上部枯黄老叶，使下部活叶片和土壤充分接受阳光，促进返青

图 11-2 修剪高度确定的要点

💡 **请牢记：**

　　对剪草机设置修剪高度时应在平整的硬化路面上进行。由于剪草机是行走在草坪草茎叶之上的，所以草坪草的实际修剪高度会略高于剪草机设定的高度。

三、修剪频率及周期

修剪频率是指一定时期内草坪修剪的次数；修剪周期是指连续两次修剪的间隔时间。修剪频率越高，次数就越多，修剪周期就越短。

1.修剪频率的确定依据

修剪频率取决于草坪草的生长速度，而草坪草的生长速度则与草种、季节、天气变化和养护管理程度等有关，如图 11-3 所示。

要点一	在夏季，冷季型草坪进入休眠期，一般 2～3 周修剪一次
要点二	在秋春两季，由于生长茂盛，冷季型草需要经常修剪，至少一周一次
要点三	暖季型草在冬季休眠，春秋季生长缓慢，应减少修剪次数；夏季天气较热，暖季型草生长茂盛，应进行多次修剪

图 11-3　修剪频率的确定要点

请牢记：

在草坪管理中，可根据草坪修剪1/3原则来确定修剪时间和频率。

2.常见草坪草的修剪频率

常见草坪草的修剪频率如表 11-2 所示。

表 11-2　常见草坪草的修剪频率

生长区域	草坪草种类	生长季内修剪次数			全年修剪次数
		4～6月	7～8月	9～11月	
庭园	细叶结缕草	1	2～3	1	5～6
	翦股颖	2～3	8～9	2～3	15～20
公园	细叶结缕草	1	2～3	1	10～15
	翦股颖	2～3	8～9	2～3	20～30
竞技场、校园	细叶结缕草，狗牙根	2～3	8～9	2～3	20～30
高尔夫球发球台	细叶结缕草	1	16～18	13	30～35
高尔夫球球盘	细叶结缕草	38	34～43	38	110～120
	翦股颖	51～64	25	51～64	120～150

四、剪草机器

（1）特级草坪只能用滚筒剪草机修剪，一级、二级草坪用旋刀机修剪，三级草坪用气垫机或割灌机修剪，四级草坪用割灌机修剪，所有草坪的草边均用软绳型割灌机或手工修剪。

（2）在每次剪草前，应测定草坪草的大概高度，并根据所选用的机器调整刀盘高度。一般情况下，特级至二级草坪，每次剪去的长度不超过草高的1/3。

五、草坪修剪方向

由于修剪方向的不同，草坪茎叶的走向、反光也不相同，因而会产生许多明暗相间的条带。用小型剪草机修剪后也会出现同样的情况。

不改变修剪方向，可使草坪土壤受到不均匀挤压，甚至出现车轮压槽。不改变修剪路线，可使土壤板结，损伤草坪草。修剪时要尽可能地改变修剪方向，使草坪的挤压均匀分布，减少对草坪草的践踏。

同时，每次修剪总是一个方向，易使草坪草向剪草方向倾斜生长，草坪趋于瘦弱，形成"斑纹"，因此，要避免在同一地点、同一方向多次修剪。一般采取图11-4所示的修剪方向。

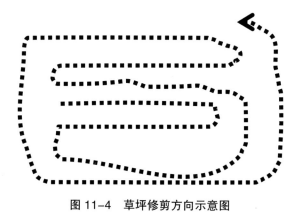

图11-4 草坪修剪方向示意图

六、剪草的具体操作

1. 剪草的操作要求

（1）割草前应先把草坪上的垃圾除净。

（2）割下的草可留在草坪上为土壤提供养分。如果潮湿天气很长，草长得太高，剪下的草应除去，因为它们盖在草上形成一个垫子，会压死下面的草。割草时应注意不要将碎草吹入灌木丛或树根下，这样很不美观。

（3）竖杆、标志牌、建筑物和树木周围的草应修剪得和草坪同样高。不得使用割草机和修剪机处理乔木和灌木根部，因为这样会对植物根部造成损伤。

（4）所有人行道、小路和路边的草应经常修剪。灌木和树木修剪时，应在护根区与草坪间保持 5 厘米的边缘。道路、路边裂缝和伸缩缝中生长的各种杂草应经常清除。修剪后，应将碎草连同其他垃圾一并清扫干净。

2.剪草的操作步骤

剪草的操作步骤如图 11-5 所示。

第一步	清除草地上的石块、枯枝等杂物
第二步	选择走向，与上一次走向要有至少 30°的交叉，不可重复修剪，以避免引起草坪长势偏向一侧
第三步	修剪速度不急不缓，路线平直，每次往返修剪应保证有 10 厘米左右的重叠
第四步	遇障碍物应绕行，四周不规则草边应沿曲线剪齐，转弯时应调小油门
第五步	若草过长，应分次剪短，不允许超负荷作业
第六步	边角、路基边草坪以及树下草坪用割灌机剪；花丛、细小灌木周边修剪不允许用割灌机（以免误伤花木），这些地方应用手修剪
第七步	剪完后将草屑清扫干净，清理现场，清洗机械

图 11-5　剪草的操作步骤

七、草屑的处理

剪草机剪下的草坪草组织称为草屑。

1.移出草屑

管理精细的草坪，修剪后的草屑应移走。如草屑较长，应移出草坪，否则将破坏草坪的美观。草屑在草坪上形成草堆将引起下面的草死亡或发生疾病，害虫也容易在此产卵。

2. 留下草屑

在普通草坪上，只要剪下来的草屑不形成团块，留在草坪表面不会引起什么问题。碎草屑中含有植物所需的营养元素，是重要的氮源之一。碎草含有78% ～ 80% 的水、3% ～ 6% 的氮、1% 的磷和1% ～ 3% 的钾。有研究证明，草坪草能从草屑中获得25% ～ 40% 的氮素，这样可减少化肥施用量。

八、草坪修剪注意事项

（1）防止叶片撕裂和叶片挤伤。在剪过的草坪上，有时会出现叶片撕裂和叶片挤伤，残损的叶片尖部变灰，进而变成褐色，也可能发生萎缩，出现这种问题的原因，一是滚刀式剪草机刀片钝或调整距离不当，二是旋刀式剪草机转速低，三是滚刀式剪草机转弯过急。

（2）修剪前必须清除草坪内树枝、砖块、塑料袋等杂物。

（3）草坪的修剪通常在土壤较硬时进行，以免破坏草坪的平整度。

（4）机具的刀刃必须锋利。如果刀片太钝，会使草坪刀口出现丝状，天气炎热时还会使草坪景观变成白色，同时还容易使切口感染，引发草坪病虫害。修剪前最好对刀片进行消毒，特别是在7 ～ 8月病虫害多发季节。修剪应在露水消退以后进行，且修剪的前一天下午不能浇水，修剪之后隔2 ～ 3小时再浇水，以防病虫害发生。

（5）修剪后的草屑留在草坪上，少量的短草屑可作为草皮的保护层，改善干旱状况，防止苔藓着生。但草屑又多又长时，必须使用集草袋予以清除，否则，会使下部草坪草因光照、通气不足而窒息死亡；此外，草屑腐烂后，会产生一些有毒的小分子有机酸，可抑制草坪根系的活性，使草坪长势变弱，还会滋生杂草，造成病虫害。

（6）机油、汽油滴漏到草坪上会造成草坪死亡，严禁在草坪上对割草机进行加油或检修。

（7）草坪修剪一定要把安全放在第一位。修剪人员培训合格后方可作业；作业时要穿长裤，戴防护眼镜，穿防滑高腰劳保鞋；剪草机使用后要及时清洗、检查。修剪前一定要清除草坪内的石块、木桩和其他可能损害剪草机的障碍物，以免剪草机刀片、曲轴受损。

第二节　草坪施肥

草坪施肥是为草坪草提供必需的养分。草坪生长所需养分必须充足，否则，草坪草不能健康地生长。

一、施肥的重要性

1. 保持土壤肥力

土壤肥力是草坪养护过程中必须考虑的问题。健康的草坪需要肥沃的土壤。草坪草能迅速消耗土壤中的养分，所以应该定期给土壤增加肥料。虽然营养对于草的健康成长非常重要，但是过量使用肥料会破坏草坪与环境。因此，在对草坪施肥时，应该用保持草坪健康生长所需的最低肥料量。

2. 保持土壤的 pH 值

土壤的 pH 值对于植物的健康生长是非常重要的。土壤的 pH 值表示土壤的酸碱平衡度，有些植物适合中性土壤，而有些则适合酸性或碱性土壤。在 pH 值为 6.0 ~ 7.0 时，草皮生长最好，因此，为了让草皮健康生长，应确保土壤的 pH 值适中，否则应对进行改善。土壤酸性过强时可加石灰，碱性过强时可加适量的硫黄、硫酸铝、腐殖质肥等。

二、草坪草的营养需求

草坪草物质由水（75% ~ 85%）和干物质（15% ~ 25%）组成。

草坪草正常生长需要的营养元素有十多种，其中，需要量最大的是氮（N），其次是钾（K），然后是磷（P）。

草坪每吸收一个单位的 N，则需要吸收 0.1 个单位的 P 和 0.5 个单位的 K，所以推荐的施肥比例为 1 : 0.1 : 0.5（N : P : K）。N 肥可通过淋洗或挥发而损失，而 P 肥和 K 肥损失较少。

在计算施肥量的时候，首先要确定施用的 N 肥量，再根据土壤养分、草坪管理经验等，确定 N、P、K 的比例，从而计算出 P 肥、K 肥的用量。表 11-3 所示为不同草坪草的需氮量。

表 11-3 不同草坪草的需氮量

冷季型草坪草	年需氮量 （克／平方米）	暖季型草坪草	年需氮量 （克／平方米）
细羊茅	3～12	美洲雀稗	3～12
高羊茅	12～30	普通狗牙根	15～30
一年生黑麦草	12～30	杂交狗牙根	21～42
多年生黑麦草	12～30	日本结缕草	15～24
草地早熟禾	12～30	马尼拉草	15～24
粗茎早熟禾	12～30	假俭草	3～9
细弱翦股颖	15～30	野牛草	3～12
匍匐翦股颖	15～39	地毯草	3～12
冰草	6～15	钝叶草	15～30

给草坪施肥应少量、多次，以确保草能均匀生长。

三、肥料的选择

草坪需要的主要养分是氮、磷、钾，其中，氮是最重要的，因为它能促进草叶生长，使草坪保持绿色；磷是植物开花、结果、长籽所必需的，可加强根系的生长；钾是增强植物活力和抵抗力所必需的，对于植物根部也有重要的作用。

1. 草坪所需肥料的种类

（1）氮肥

① 铵态氮肥：包括硝酸铵（含氮 34%）、硫酸铵（含氮 20.5%～21%）。铵态氮肥在土壤中的移动性很小，不易淋失，肥效较长。但是铵态氮易氧化成为硝酸盐，在碱性土壤中易挥发；而且过量的铵态氮会引起氨中毒，对钙、镁、钾等离子的吸收也有一定的抑制作用。

② 硝态氮肥：包括硝酸钠、硝酸钙和硝酸铵。硝态氮肥水溶性好，在土壤中移动快；草坪草容易吸收硝酸盐，且过量吸收不会有害；硝态氮容易淋失，容易反硝化而损失。草坪上应用较多的硝态氮肥是硝酸铵，硝酸钠和硝酸钙不经常施用。

③ 酰铵态氮肥：主要是尿素。尿素中含氮 46%，是固体氮肥中含氮最高的肥

料。其吸湿性低，储藏性能好，易溶于水。

④ 天然有机肥。

⑤ 缓释氮肥。

（2）磷肥

磷肥易被土壤固定，因此，不宜在建坪前过早施用或施到离根层较远的地方。有条件的地方可在施用磷肥前先打孔，以便于肥料进入根层。

① 天然磷肥：包括过磷酸钙、重过磷酸钙、偏磷酸钙和磷矿石等。

过磷酸钙是草坪中最常用的磷肥，含有效 P_2O_5 14% ～ 20%（其中 80% ～ 95% 溶于水），属于水溶性速效磷肥。

重过磷酸钙中磷的含量比过磷酸钙高，一般不单独施用，而是以高效复合肥形式施用。

偏磷酸钙是酸性土壤的有效磷肥。

磷矿石在草坪中应用较少。

② 有机磷肥：骨粉是最常见的天然有机磷肥。磷素的释放取决于含磷有机物的降解。骨粉在酸性土壤中肥效显著，它可以降低土壤的酸度，但相对于过磷酸钙来说比较贵。

③ 工业副产品：主要有碱性渣，是钢铁工业的副产品。碱性渣肥效长，是缓效磷肥，能降低土壤的酸度，其中还含有一定的镁和锰。

④ 化学磷肥：包括过磷酸铵、磷酸钾和偏磷酸钾。

（3）钾肥

钾肥类别如表 11-4 所示。

表 11-4　钾肥的类别

序号	类别	说明
1	氯化钾	价格低廉，在草坪中广泛使用。它的盐指数较高，含氯 47%
2	硫酸钾	含有较多的硫，是较好的草坪钾肥。它的价格比氯化钾高很多，但盐指数低，含氯不超过 2.5%
3	硝酸钾	水溶性较高，吸湿性小，长期使用会引起土壤盐渍化。硝酸钾中的钾含量不如氯化钾和硫酸钾高，但含氮超过 13%。此外，硝酸钾存放不当容易引发火灾，因此使用不广泛
4	其他钾肥	包括偏磷酸钾（含磷 24%）、硫酸镁钾（含大量的镁）、硝酸钠钾（含氮超过 15%）等，它们在草坪中应用较少

（4）复合肥

同时含有两种或两种以上氮、磷、钾元素的化学肥料。

（5）微量元素肥料

主要是一些含硼、锌、钼、锰、铁、铜等微量营养元素的无机盐类和氧化物或螯合物。

（6）有机肥料

如粪尿肥、堆沤肥、绿肥、饼肥等。

2. 肥料的表示方法

肥料的表示方法包含 3 个数字，如 10-6-4，第一个数字是含氮的百分数，第二个数字是含磷的百分数，第三个数字是含钾的百分数。所有的肥料都是按这个顺序排列主要养分的。

3. 肥料的选用

一级以上草坪选用速溶复合肥、快绿美及长效肥，二级、三级草坪采用缓溶复合肥，四级草坪基本不施肥。

四、施肥时间及施肥次数

1. 不同草坪的施肥次数与频率

（1）冷季型草坪草

深秋施肥有利于草坪越冬。特别是在过渡地带，深秋施氮肥可以使草坪在冬季保持绿色，且春季提早返青。磷肥、钾肥对于草坪冬季生长的作用不大，但可以增加草坪的抗逆性。

夏季应增加钾肥用量，谨慎使用氮肥。如果夏季不施氮肥，草坪叶色会转黄，但抗病性强。过量施氮肥会使病害发生严重，草坪质量急剧下降。

（2）暖季型草坪草

最佳的施肥时间是早春和仲夏。秋季施肥不能过迟，以增加草坪的抗寒性。

2. 不同肥料的施加次数与用量

不同肥料的施加次数与用量如图 11-6 所示。

一般速效氮肥

要少量、多次，每次用量以不超过5克/平方米为宜，且施肥后应立即灌水，一则可以防止过量氮肥造成草坪徒长或灼伤植株，诱发病害，增加剪草工作量；二则可以减少氮肥损失

缓释氮肥

由于其具有平衡、连续释放肥效等特性，因此可以减少施肥次数，一次用量则可高达15克/平方米

图 11-6 不同肥料的施加次数与用量

3. 不同养护水平的施肥次数和频率

在实践中，草坪施肥的次数或频率常取决于草坪养护水平，具体如图11-7所示。

低养护管理的草坪

冷季型草坪草在每年秋季施肥一次；暖季型草坪草在初夏施肥一次

中等养护管理的草坪

冷季型草坪草在春季与秋季各施肥一次；暖季型草坪草在春季、仲夏、秋初各施肥一次

高养护管理的草坪

在草坪草快速生长的季节，无论是冷季型草坪草还是暖季型草坪草，最好每月施肥一次

图 11-7 不同养护水平的施肥次数和频率

五、施肥的方法与方式

1. 施肥方法

草坪施肥的方法有基肥、种肥和追肥。

（1）基肥：以基肥为主。

（2）种肥：播种时把肥料撒在种子附近，以速效磷肥为主。

（3）追肥：以包括的微量元素肥料为辅。

2. 施肥方式

（1）表施

采用下落式或旋转式施肥机将颗粒状肥直接撒入草坪内，然后结合灌水，使肥料进入草坪土壤中。每次施入草坪的肥料的利用率大约只有1/3。

（2）灌溉施肥

将肥料溶解在灌溉系统中，喷洒在草坪上，目前用于高养护的草坪，如高尔夫球场。

第三节 草坪灌溉

一、草坪对水分的需求

每生成 1 克干物质需消耗 500 ～ 700 毫升水。一般养护条件下，每周每 100 平方米用水 2.5 立方米，主要通过降雨和灌溉来满足。在干旱的生长季节，应增加灌水量。

由于草坪草根系主要分布在 10 ～ 15 厘米及其以上的土层，所以每次灌溉应以湿润 10 ～ 15 厘米深的土层为标准。

二、草坪灌溉时间

1. 灌溉时间的确定

当叶色由亮变暗或者土壤呈现浅白色时，草坪则需要灌溉。

2. 一天中最佳灌溉时间

晚秋至早春，均以中午前后为宜。其余则应在早上、傍晚灌溉，尤其是有微风时，空气湿度较大且温度低，可减少水分蒸发量。

三、草坪灌溉次数

（1）成熟草坪灌溉原则：见干则浇，一次浇透。
（2）未成熟草坪灌溉原则：少量、多次。

四、草坪灌溉操作

施肥作业需与草坪灌溉紧密结合，以防止"烧苗"。

冬季干旱少雪、春季少雨的北方地区，入冬前灌一次"封冻水"，使草坪根部吸收充足的水分，增强抗旱越冬能力；春季草坪返青前灌一次"开春水"，可促使草坪提早返青。

沙质土保水能力差，应在冬季晴朗天气且白天温度高时灌溉，以土壤表层湿润为宜，不可多浇或形成积水，以免夜间结冰造成冻害。

 请牢记：

若草坪践踏严重，土壤干硬结实，应于灌溉前打孔通气，以便于水分渗入土壤。

第四节　草坪辅助养护

一、清除枯草——疏草

枯草在地面和草叶之间可能会形成一个枯草层，当枯草厚度超过 1 厘米时，即应当清除。寒季草的枯草应在秋季清除，热季草的枯草应在春季清除。疏草的主要目的是使草的根部接触空气，防止窒息。根是草的基本，根的健康决定了草的健康。

（1）二级以上的草坪，视草坪生长密度，1 ～ 2 年疏草一次；在草坪举行过大型活动后，应局部疏草并培沙。

（2）局部疏草：用铁耙将踩实部分耙松，深度约 5 厘米，然后清除耙出的土块、杂物，施上土壤改良肥，培沙。

（3）大范围打孔疏草：首先用剪草机将草重剪一次，其次用疏草机疏草，然后用打孔机打孔，最后由人工扫除或用旋刀剪草机吸走打出的泥块及草渣，并施用土壤改良肥，培沙。

（4）二级以上草坪如出现直径 10 厘米以上秃斑、枯死，或局部恶性杂草占该部分草坪草 50% 以上且无法用除草剂清除的，应局部更换该处草坪。

（5）二级以上草坪局部被踩实，导致生长严重不良的，应局部疏草。

二、滚压

滚压能增加草坪草的分蘖，促进匍匐枝的生长；使匍匐茎的节间变短，增加草坪密度；使根部与土壤紧密结合，让根系吸收充足水分，萌发新根。滚压广泛应用于运动场草坪管理。

三、表施细土

表施细土是将沙、土壤或沙、土壤、有机肥按一定比例混合均匀后施在草坪的表面。表施细土可以改善草坪土壤结构，控制枯草层，防止草坪徒长，有利于修复凹凸不平的坪床，使草坪平整均匀。

1. 表施细土的时机

最好在草坪的萌发期及旺盛生长期表施细土。一般情况下，暖季型草在 4 ～ 7 月和 9 月为宜；而冷季型草在 3 ～ 6 月和 10 ～ 11 月为宜。

2. 准备工作

表施的细土应提前准备，最好由土与有机肥堆制。在气候和微生物的共同作用下，堆肥材料可形成一种同质的、稳定的土壤。

为了提高效果，在施用前对表施土壤过筛、消毒，还要在实验室中对土壤的成分进行分析和评价。

表施细土的比例：沃土、沙、有机质为 1 ∶ 1 ∶ 1 或 2 ∶ 1 ∶ 1 较好。

3. 表施细土的技术要点

表施细土的技术要点如图 11-8 所示。

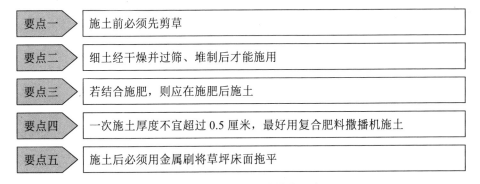

图 11-8 表施细土的技术要点

四、草坪通气

时间长了土壤会变得板结，养分和水分很难渗透到植物根部，使植物的根部变浅，继而干枯。为了减轻土壤板结，通常采用通气的方法，即在草地上钻洞，让水分、氧气和养分穿透土壤，到达根部，通气孔深度为 5～10 厘米。

1. 打孔

打孔也称除土芯或土芯耕作，是用专门机具在草坪上打许多孔洞，挖出土芯的一种草坪通气方式。

（1）打孔的作用

① 有利于土壤有毒气体的释放。

② 增加干土或难湿土壤的易湿性。

③ 加速长期过湿土壤的干燥。

④ 增加草坪土壤的渗透性能。

⑤ 刺激根系在孔内生长。

⑥ 增加草坪草茎叶的生长。

⑦ 改善地表覆土引起的不良土层。

⑧ 控制枯草层的发生等。

⑨ 打孔结合覆土，可改善草坪对施肥的反应。

（2）打孔的时机

冷季型草坪一般在夏末或秋初打孔；而暖季型草坪一般在春末和夏初打孔。

（3）孔的大小

孔的直径在 6～19 毫米，孔距一般为 5 厘米、11 厘米、13 厘米和 15 厘米，孔深可达 8～10 厘米。

（4）打孔注意事项

① 一般草坪不会清除打孔产生的芯土，而是待芯土干燥后通过将芯土粉碎，使土壤均匀地分布在草坪表面，重新进入孔中。

② 打孔不要在夏季进行。

③ 经过多次打孔作业，才可以改善整个草坪的土壤状况。

2. 划条与刺孔

与打孔相似，划条或穿刺也可改善土壤的通透性，特别是板结严重的土壤。划条和穿刺不移出土壤，对草坪破坏较小。

（1）划条

划条是指用固定在犁盘上的 V 形刀片划土，深度可达 7～10 厘米。不像打孔，划条没有土条带出，因而对草坪破坏很小。

（2）刺孔

刺孔与划条相似，扎土深度为 2 ～ 3 厘米，在草坪表面刺孔的长度较短。划条与刺孔如图 11-9 所示。

图 11-9　划条与刺孔

3. 纵向刈割（纵向修剪）

纵向刈割（纵向修剪）是指用在割草机的横轴上安装一系列纵向排列的刀片来修剪草坪。由于刀片可以调整，能接触到草坪的不同深度。

（1）可剪掉地上匍匐茎和横向生长的叶片，也可减少果岭上的纹理。

（2）浅层纵向修剪，可以破碎打孔留下的土条，使土壤均匀分布到草坪中。

（3）刀片设置较深时，大多数累积的枯草层可被移走。

（4）刀片深度达到枯草层以下时，会改善表层土壤的通透性。

> 请牢记：
> 　　垂直修剪应在土壤和草层干燥时进行，以使草坪受到的伤害最小。垂直修剪时应避开杂草萌发期。

五、草坪补植

为了恢复裸露或稀疏部分的草皮，应每年补种一次。补种最好在秋季，其次是在春季。

草坪补植的要求如下。

（1）应补植与原草坪相同的草种，补植后要加强保养。

（2）补植前应将需补植地表表面杂物（包括须更换的草皮）清除干净，然后将地表以下 2 厘米土层用大锄刨松（土块直径不得超过 1 厘米）。

（3）草皮与草皮之间可稍留间隙（1 厘米左右），切忌重叠铺植。

（4）补植完毕，需用平锹拍击新草皮，以使草皮根部与土壤紧密接触，确保草皮成活率、拍击时应由中间向四周逐块铺开，铺完后及时浇水，并保持土壤湿润直至新叶长出。

 请牢记：

为避免外来因素对新植草坪的破坏，可在新植草坪处摆放警示标识，提醒行人注意，以保证新植草皮的成活率。必要时可设置警戒带对补植区域进行隔离。

第五节　草坪病虫草害防治

一、草坪主要病害防治

植物病害是指植物在生长或储藏过程中由于所处环境条件恶劣或受到有害（微）生物的侵害，致使植物活体受到损害，包括新陈代谢受到干扰、生长发育受到影响、遗传功能发生改变，以及植物产品品质下降和数量减少等。

1. 草坪主要病害

依据致病原因不同，草坪病害可分为两大类：一类是由生物寄生（病原物）引起的，有明显的传染性，称为浸染性病害；另一类是由物理或化学的非生物因素引起的，无传染性，称为非侵染性病害。

（1）非侵染性病害

非侵染性病害亦称生理性病害，取决于草坪和环境两方面因素，如图 11-10 所示。

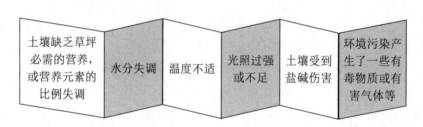

图 11-10　非侵染性病害的起因

由于各个因素是互相联系的，因此非侵染性病害的发生原因较为复杂，而且这类病症与侵染性病害相似。

（2）侵染性病害

侵染性病害的病原物主要包括真菌、细菌、病毒、类病毒、类菌质体、线虫等，其中，真菌病害较为严重。

2. 主要病害防治

（1）褐斑病

褐斑病是草坪最广泛的病害。由于它的土传习性，使寄主范围比任何病原菌都要广，常造成草坪大面积枯死。

① 主要特征。被侵染的叶片首先出现水浸状，颜色变暗、变绿，最终干枯、萎蔫，变为浅褐色。在暖湿条件下，枯黄斑有暗绿色或灰褐色的浸润性边缘（由萎蔫的新病株组成），称为"烟状圈"，在清晨有露水或高温条件下，这种现象比较明显。留茬较高的草坪会出现褐色圆形枯草斑，无"烟状圈"症状。在干燥条件下，枯黄斑直径可达30厘米，枯黄斑中央的病株较边缘病株恢复得快，结果中央呈绿色，边缘为黄褐色环带。有时病株散生于草坪中，无明显枯黄斑。

② 诱发因素。高湿条件、施氮过多、环境郁闭、枯草层厚。

③ 防治方法。防治方法如表11-5所示。

表11-5 褐斑病的防治方法

序号	防治方法	具体说明
1	栽培管理	平衡施肥，增施磷肥、钾肥，避免偏施氮肥。防止大水漫灌和积水，改善通风透光条件，降低湿度，清除枯草层和病残体，减少菌源
2	化学防治	使用三唑酮、代森猛锌、甲基托布津等

（2）白粉病

主要危害早熟禾、细羊茅和狗牙根等植物，环境郁闭、光照不足时发病尤重。

① 主要特征。叶片开始出现白色霉点，后逐渐扩大成圆形、椭圆形霉斑，由白色变为污灰色、灰褐色。霉斑表面有一层白色粉状物质。

② 诱发因素。管理不善，氮肥施用过多，遮阴，植株密度过大和灌水不当。

③ 防治方法。防治方法如表11-6所示。

表 11-6　白粉病的防治方法

序号	防治方法	具体说明
1	栽培管理	种植抗病草种并合理布局,控制合理的种植密度,适时修剪,控制肥量,适量浇水,保证通风透光
2	化学防治	目前许多杀菌剂都能有效防治白粉病。其中,三唑酮、吗菌灵、丙环唑、腈菌唑和氟菌唑具有内吸和防治作用

（3）腐霉菌病

① 主要特征。高温高湿条件下,腐霉菌病常导致草坪根部、颈部和茎叶变褐腐烂,使草坪上突然出现直径 2～5 厘米的圆形黄褐色枯草斑。修剪较低的草坪,枯草斑最初很小,但迅速扩大。修剪较高的草坪,枯草斑较大,形状不规则。枯草斑病株叶片呈褐色水渍状,干燥后病叶皱缩,色泽变浅,高湿时生有成团的棉毛状菌丝体。多数相邻的枯草斑可汇合成较大的形状不规则的死草区。这类死草区往往分布在草坪最低湿的区域。有时沿剪草机作业路线成长条形分布。

② 诱发因素。高温高湿,白天高温 30℃以上,夜间 20℃以上,相对湿度高于 90%,且持续 14 小时以上。低凹积水,土壤贫瘠,有机质含量低,通气性差,氮肥施用过量。

③ 防治方法。防治方法如表 11-7 所示。

表 11-7　腐霉菌病的防治方法

序号	防治方法	具体说明
1	栽培管理	（1）改善立地条件,避免雨后积水。合理灌水,减少灌水次数,控制灌水量,减少根层（10～15 厘米）土壤含水量,降低草坪的相对湿度 （2）及时清除枯草层,高温季节有露水时不剪草,以免病菌传播 （3）平衡施肥
2	化学防治	采用百菌清、代森锰锌、甲霜灵、杀毒矾等药剂喷洒

（4）叶枯病

① 主要特征。草坪初现淡绿色小型病草斑,很快变为枯黄色,在干热条件下,病草枯死。枯黄斑呈圆形或不规则形状,直径 2～30 厘米,有斑植株几乎全部发生根腐和基腐。此外,病株还能产生叶斑。叶斑主要生于老叶和叶鞘上,呈不规则形状,初现水渍状墨绿色,后变为枯黄色、褐色,有红褐色边缘,外缘枯黄色。

早熟禾草坪出现的枯黄斑直径可达 1 米,呈条形、新月形、近圆形,枯草斑边缘多为红褐色。通常枯黄斑的中央为正常草株，受病害影响较少，四周则为已枯死的草株。

② 诱发因素。高温、湿度过高或过低、光照强、氮肥施用过量、枯草层太厚、土壤 pH 值＞ 7.0 或 pH 值＜ 5.0。

③ 防治方法。防治方法如表 11-8 所示。

表 11-8　叶枯病的防治方法

序号	防治方法	具体说明
1	栽培管理	增施磷肥与钾肥，控制氮肥用量，减少灌溉次数，清除枯草层
2	化学防治	使多菌灵、甲基托布津

（5）锈病

锈病主要危害草坪的叶片和叶鞘，有时也侵染茎秆和穗部。锈病种类很多，根据菌落的形状、大小、色泽、着生特点，可分为叶锈病、秆锈病、条锈病和冠锈病。

① 主要特征。发病部位形成黄褐色菌落，生出铁锈状物质。草坪感染锈病后叶绿素被破坏，光合作用降低，呼吸作用失调，蒸腾作用增强，大量失水，叶片变黄枯死，草坪被破坏。

② 诱发因素。低温（7 ～ 25℃，因不同种类锈病而有所不同），潮湿，锈菌孢子萌发和侵入寄主要有潮湿条件或 100% 空气湿度，因而，降雨量和降雨天数往往是锈病的主导因素。通常草坪密度高、遮阴、灌水不当、排水不畅、低凹积水时易发。

③ 防治方法。防治方法如表 11-9 所示。

表 11-9　锈病的防治方法

序号	防治方法	具体说明
1	栽培管理	增施磷肥、钾肥，适量施用氮肥。合理灌水，降低草坪湿度。发病后适时剪草，减少菌源数量
2	化学防治	使用三唑类内吸杀菌剂、速保利等

（6）炭疽病

① 主要特征。炭疽病在温暖或炎热的环境，在单个叶片上产生圆形或长形的红褐色病斑，被黄色晕圈所包围。小病斑合并，可使整个叶片烂掉。有的草坪叶片先变成黄色，然后变成古铜色、褐色。

② 诱发因素。蠕孢菌侵染、肥力水平低或肥料不平衡、枯草垫太厚、干旱、昆虫损害、土壤板结等。

③ 防治方法。防治方法如表 11-10 所示。

表 11-10 炭疽病的防治方法

序号	防治方法	具体说明
1	栽培管理	轻施氮肥可以防止炭疽病严重发生，每 100 平方米可施 27 克氮肥。为了防止草坪严重损失，在必要时可使用杀菌剂处理
2	化学防治	用苯胼咪唑类内吸性杀菌剂，如多菌灵、50% 苯菌灵可湿性粉剂 300 ~ 500 毫克 / 升、70% 甲基托布津可湿性粉剂 500 ~ 700 毫克 / 升，在发病期间每隔 10 ~ 15 天打一次药，在病情严重处，每隔 10 天打一次药，在整个发病季节内不要停止打药。为了防止产生抗药性，可与非内吸性杀菌剂（如 75% 百菌清可湿性粉剂 1000 ~ 1250 毫克 / 升、50% 可湿性粉剂 250 ~ 400 毫克 / 升、70% 500 倍代森锰锌或代森锰加硫酸锌等）交替使用。这些接触性杀菌剂用药间隔为 7 ~ 10 天

（7）叶斑病

① 主要特征。叶斑病主要危害叶片。叶片受害初期产生黄褐色稍凹陷小点，边缘清楚。随着病斑扩大，凹陷加深，凹陷部呈深褐色或棕褐色，边缘呈黄红色或紫黑色，病健交界清楚。单个病斑呈圆形或椭圆形，多个病斑可融合成不规则大斑。有时假球茎也会受损害，病部出现稍隆起的黑色小点。

② 病原。叶斑病的病原菌是两种真菌，即半知菌亚门、叶点霉。

③ 发病规律。病菌以菌丝或分生孢子在病残组织内越冬，借风雨、水滴传播，从伤口或自然孔口侵入。高温高湿发病严重。

④ 防治方法。防治方法如表 11-11 所示。

表 11-11 叶斑病的防治方法

序号	防治方法	具体说明
1	栽培管理	在早春和早秋，减少氮肥施用量，有助于防治叶斑病。保持磷肥和钾肥正常施用量。避免在早春和早秋或白天过量浇水，这样容易使叶片干枯
2	化学防治	采用接触性杀菌剂 7 ~ 10 天喷药一次，直到发病停止

（8）霜霉病

霜霉病是由真菌中的霜霉菌引起的植物病害。

① 主要特征。从幼苗到成熟各阶段均可发生，以成株受害较重。主要为叶片受害，由基部向上部叶片发展。发病初期在叶面形成浅黄色近圆形或多角形病斑，空气潮湿时叶背会产生霜状霉层，有时可蔓延到叶面。后期病斑枯死连片，呈黄褐色，严重时全部外叶枯黄死亡。

② 诱发因素。病菌菌丝在种子上或者秋冬季在生菜上越冬，卵孢子在病残体上越冬。主要通过气流、浇水及昆虫传播。病菌孢子萌发温度为 6 ～ 10℃，适宜侵染温度为 15 ～ 17℃，种植过密、定植后浇水过早过大、土壤湿度大、排水不良时，春末夏初或秋季连续阴雨天气最易发病。

③ 防治方法。防治方法如表 11-12 所示。

表 11-12　霜霉病的防治方法

序号	防治方法	具体说明
1	栽培管理	（1）适当种植，可采用高畦栽培 （2）用小水浇灌，严禁大水漫灌，雨天注意防涝，有条件的地区采用滴灌技术可较好地控制病害 （3）剪草后彻底清除草屑
2	化学防治	可采用粉尘剂或烟雾剂防治

（9）红线病

① 主要特征。草坪上会出现环形或不规则形状的直径为 5 ～ 50 厘米的红褐色斑块。

红线病很容易辨认，在叶片或叶鞘上有粉红色子座。早晨有露水时，子座呈胶状或肉质状。当叶片发干时，子座也发干，呈线状，变薄。从远处看，被侵染的草坪呈现缺水状态，近距离看，它像孢叶斑病。特别是在紫羊茅上，该病与核盘菌引起的银元斑病相似。

② 诱发因素。病菌以子座和休眠菌丝在寄主组织中生存。在温度低于 21℃的潮湿条件下易发病。在春秋的毛毛雨天，发病最严重。通常通过子座生长由一株传到另一株。当子座破裂，能被风带到很远的地方。它们也能通过刈割设备进行传播。

③ 防治方法。防治方法如表 11-13 所示。

表 11-13　红线病的防治方法

序号	防治方法	具体说明
1	栽培管理	在夏末施用氮肥，可使草坪在下雪前有足够的时间增强耐寒性
2	化学防治	防治红线病的杀菌剂有百菌清、放线菌酮、放线菌酮加福美双

（10）全蚀病

① 主要特征。草坪产生枯黄或淡褐色小型枯草斑，夏末受干热天气影响，症状尤为明显，病株呈暗褐色或红褐色。冬季若较暖，病原菌仍不停止活动，翌年晚春草坪就会出现新的发病中心。冬季枯草斑会变成灰色。草坪上枯草斑呈圆形或环带状，每年可扩大 15 厘米，直径可达 1 米以上，但也有些枯草斑短暂出现，不扩展。

② 诱发因素。土壤严重缺磷或氮、磷比例失调。土壤 pH 值升高时，全蚀病发病较重，在酸性土壤中发病较轻。保肥、保水能力差的沙土地易于发病。

③ 防治方法。防治方法如表 11-14 所示。

表 11-14　全蚀病的防治方法

序号	防治方法	具体说明
1	栽培管理	（1）发病早期铲除病株和枯草斑 （2）增施有机肥和磷肥，保持氮、磷比例平衡，合理排灌，降低土壤湿度 （3）病草坪不施或慎施石灰 （4）在播种前，均匀撒施硫酸铵和磷肥做基肥
2	化学防治	发病前期往草的基部和土表喷施三唑酮或三唑类内吸杀菌剂，防治效果明显

（11）粉雪霉病

冷季型草均易感染粉雪霉病。主要寄主为一年生早熟禾、翦股颖。次要寄主为羊茅属种、草地早熟禾、粗茎早熟禾、黑麦草属种。

① 主要特征。当气候条件长期湿冷时，圆枯斑开始出现。病斑早期为直径小于 5 厘米的水浸状小圆斑点。病斑颜色很快从橘褐色变为深褐色，进而转为浅灰色。此时病斑直径通常小于 20 厘米，特殊条件下病斑可合并无限扩大，造成大面积草坪死亡。

② 诱发因素。在积雪期长且积雪下的土壤未冰冻的地区易发病。在部分地区此病可常年发生。当降雪、融雪反复出现时，也易发病。此病发生的适宜条件为高湿，适宜气温为 0～8℃。个别病原菌菌株可在 −6℃下生长。当叶表水膜存留期长、浓雾、毛毛雨频繁时，即使气温在 18℃，此病也可能严重发生。病原菌在气温 21℃时停止侵害。2.5 厘米范围内 pH 值大于 6.5 的表土层，有利于此病发生。

③ 侵染循环。病原以菌丝体和大型分生孢子随染病组织或以植物残体在土壤和枯草层中越夏。在晚秋初冬，当环境条件有利于病原时，菌丝体从染病组织或植物残体长出或分生孢子萌发，通过叶茎伤口或气孔侵染叶片和叶鞘。在湿润环境条件下，温度在 0～16℃时侵染点迅速扩大。在温暖晴朗的天气下，草冠干燥时此病害停止。冬季病菌在雪层下以菌丝体扩展蔓延；春季产生分生孢子和子囊孢子，随空气传播。分生孢子和染病残体易被草坪设备、人员、动物携带传播，也可经带菌草坪或种子传播。主要传播途径为人员活动和雨水溅溅作用。

二、草坪主要虫害防治

草坪植物的虫害，没有病害严重，比较容易防治。但如果防治不及时，亦会对草坪造成大面积危害。草坪害虫可分为地下害虫和茎叶部害虫两大类。

草坪主要虫害防治如表 11-15 所示。

表 11-15　草坪主要虫害防治

害虫名称	发生时期	害虫形态	危害	防治方法	备注
蚂蚁	春夏、秋季	成虫	撕破草坪的根系，采食草坪种子或啃伤幼苗，蚁洞影响草坪外观	（1）适时用疏耙对草坪进行碾压 （2）在蚁巢中施入熏蒸剂或普通杀虫剂	
蛴螬	4～5月、8～9月	幼虫、成虫（金龟子）	咬断草根，形成大小不一的枯草斑，严重时会造成草坪大面积死亡	使用杀虫灯诱杀成虫，直接降低蛴螬数量	使用药剂防治效果不明显
蝼蛄	春秋季	成虫	咬食地下的种子、幼根和嫩茎，使植株枯萎死亡。在表土层穿行，弄出纵横的隧道，使植物根系失水、干枯而死	使用杀虫灯或毒饵（用炒香的麦麸加入杀虫剂制成毒饵）诱杀	

续表

害虫名称	发生时期	害虫形态	危害	防治方法	备注
地老虎	春夏、秋季	幼虫	低龄幼虫将叶片啃成空洞，大龄幼虫傍晚或夜间咬断近地表的草颈部，使整株死亡	傍晚喷施菊酯类杀虫剂	
夜蛾类	7～10月	幼虫	群体聚集，沿边缘咀嚼叶片，造成草坪秃斑，严重时可在一夜之间将大面积草坪吃光	用溴清菊酯、敌百虫、马拉硫磷等杀虫剂喷施或使用杀虫灯诱杀成虫	爆发性害虫，3龄前进行化学防治最有效
螨类	春秋季	成虫	以刺吸式口器取食植物枝叶，被害叶片退绿、发白，逐渐变黄而枯萎	用专用杀螨剂直接对危害区域喷施	必要时重复使用
蝗虫	夏秋季	成虫、若虫	取食叶片或嫩茎，咬成缺刻，严重时可把植物吃成光杆或全部吃光	（1）将2.5%敌百虫粉剂施入草坪（2）严重时用剪草机或滚轴碾压（3）减少粗放草坪的面积	只在大环境干旱时才发生危害
蚜虫	春夏、秋季	成虫、若虫	在植物上刺吸，严重时导致生长停歇，植株发黄、枯萎。蚜虫排泄的蜜露会引发霉菌，污染植株，还可招来蚂蚁，进一步造成危害	使用40%氧化乐果乳油、50%灭蚜净乳油、2.5%敌百虫粉剂防治	很多新型环保型药剂都有效
蚯蚓	夏季		取食土壤中的有机质、草坪枯草、烂根等，将粪便排泄于地表上，形成凹凸不平的土堆。影响草坪的质量，雨季最易出现，雨后会钻出草坪		

三、草坪杂草防治

草坪中的杂草主要有马唐、牛筋草、稗草、水蜈蚣、香附子、天胡荽、一点红、酢浆草、白三叶草等。这些杂草密度大，生长迅速，竞争力强，对草坪生长构成严重威胁。

草坪杂草的防治措施如下。

1. 物理防除

（1）播种前防除

在坪床播种或营养繁殖之前，手工拔除杂草；或者利用土壤翻耕机具，在翻挖时清除杂草。

对于有地下蔓生根茎的杂草，可采用土壤休闲法，即夏季在坪床不种植任何植物，并定期地进行耙、锄作业，以杀死杂草可能生长出来的营养繁殖器官。

（2）手工除草

手工除草是一种古老的除草法，污染少，拔除的时间为雨后或灌水后，应将杂草的地上、地下部分同时拔除。手工除草的要领为：

① 少量杂草或无法用除草剂的杂草可采用人工拔除。

② 按区、片、块划分区域，定人、定量、定时完成。

③ 应采用蹲姿作业，不允许坐地或弯腰寻找杂草。

④ 应采用辅助工具将草连根拔除，不可只将杂草的上部分去除。

⑤ 拔出的杂草应及时放于垃圾桶内，不可随处乱放。

（3）滚压防除

对早春已发芽出苗的杂草，可采用质量为 100 ～ 150 千克的轻滚筒轴进行交叉滚压，每隔 2 ～ 3 星期滚压一次。

（4）修剪防除

对于依靠种子繁殖的一年生杂草，可在开花初期进行草坪低修剪，使其不能结果，从而达到防除的目的。

2. 化学除草

化学除草是使用化学药剂引起杂草生理异常直至死亡。

化学除草的优点是劳动强度低，除草费用低，尤其适用于大面积除草。缺点是容易对环境造成一定的污染和破坏。

使用除草剂进行化学除草，应注意表 11-16 所示的几点。

表 11-16　化学除草的注意事项

序号	注意事项	说明
1	杂草状态	不要在杂草太大或太小时喷药，在杂草三叶期至分蘖前喷药效果较好。在杂草太大时喷药，见效慢，效果差；在杂草太小时喷药，叶片面积小，吸收药量不够，不足以致死
2	水分适当	喷除草剂时，若有少量喷水或降雨，可将叶片上的灰尘洗掉，有利于除草剂吸收。除草剂分子在湿土土壤胶粒外表通过水的作用，能很快形成药膜层。但过大的喷水或降雨，则会稀释除草剂，降低除草效果，且增加草坪根系的吸收量，危及草坪安全。因此施药后，应在 8 小时后喷水，以免冲掉药液
3	光照充足	晴天喷药效果更好，光照可使除草剂的吸收及传导速度提高。晴天大气湿度小，有利于药液雾滴快速下沉，可减少喷雾过程中除草剂的损失
4	风力适宜	喷药时，最好在无风天气，或风力小于二级。风会造成药液飘移，降低单位面积药剂投放量，降低药效，同时可使周围其他植物产生药害。若风力在二级以上，可适当加大药剂浓度（加大 15% ~ 30%）、药量、喷头孔径。不可逆风喷药，以免中毒
5	安全操作	喷药人员喷药时，应穿安全服，戴口罩、手套。大面积喷药时，要做好标记，防止重复或漏喷。喷完后，要清洗喷药器械及身体暴露部位

学习笔记

通过学习本章内容，想必您已经有了不少学习心得，请详细记录下来，以便后续巩固学习。如果您在学习中遇到了一些难点，也请如实记下来，以便今后进一步学习，彻底解决这些问题。

我的学习心得：

1. _____
   _____
2. _____
   _____
3. _____
   _____
4. _____
   _____
5. _____
   _____

我的学习难点：

1. _____
   _____
2. _____
   _____
3. _____
   _____
4. _____
   _____
5. _____
   _____

第十二章　树木养护与管理

第一节　树木灌溉与排水

　　水分是树木的基本组成部分，树木中 40% ~ 80% 为水分。当土壤水分含量为 10% ~ 15% 时，地上部分停止生长。当土壤含水量低于 7% 时，根系停止生长。而水分过多，则会造成树木无氧呼吸，甚至死亡。所以，灌溉与排水是物业树木养护工作中的重要一环。

一、树木灌水与排水的原则

1. 季节对灌排水的要求

不同季节对灌排水的要求不同，如图 12-1 所示。

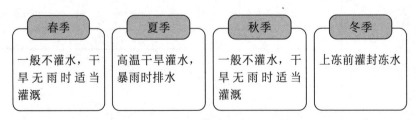

图 12-1　不同季节的灌排水要求

2. 树种、栽植年限对灌排水的要求

（1）不同树种对水分要求不同，不耐旱树种灌水次数要多些，耐旱性树种（刺槐、国槐、侧柏、松树等）灌水次数可少些。

（2）新栽植的树木除连续灌水 3 次外，还必须连续灌水 3 ~ 5 年，以保证成活。

 请牢记：

　　排水也要及时，先排耐旱树种，后排耐淹树种，柽柳、椰榆、垂柳、旱柳等均能耐3个月以上的深水淹浸。

3. 根据不同土壤进行灌排水

沙土地易漏水，应小水勤浇；低洼地也要小水勤浇；而黏土保水力强，可减少灌水量和次数，以增加通气性。

4. 灌水应与施肥、土壤养护相结合

应在施肥前后灌水，灌水后进行中耕、锄草、松土，做到有草必锄、雨后必锄、灌水后必锄。

二、灌水

1. 灌水的时间

灌水可分为休眠期灌水和生长期灌水两种。

（1）休眠期灌水

秋末冬初灌"冻水"，可提高树木越冬能力，也可防止早春干旱，对幼年树木尤为重要。早春灌水可使树木健壮生长，是花果繁茂的关键。

（2）生长期灌水

生长期灌水的要求如表 12-1 所示。

表 12-1　生长期灌水的要求

序号	要求	具体说明
1	花前灌水	萌芽后结合施花前肥进行灌水
2	花后灌水	花谢后半个月左右，是新梢生长旺盛期，水分不足会抑制新梢生长，此时缺水易引起大量落果

续表

序号	要求	具体说明
3	花芽分化期灌水	在新梢生长缓慢或停止生长时，花芽开始分化，此时是果实迅速生长的时期，如果水分不足，则影响果实生长和花芽分化。所以在新梢生长停止前及时适量灌溉，可以促进春梢生长，有利于花芽分化及果实发育

在北方，全年可灌水 6 次，分别安排在 3 月、4 月、5 月、6 月、9 月、11 月。干旱年份和土质不好或因缺水生长不良时，应增加灌水次数。在西北干旱地区，灌水次数应多一些。

2. 灌水量

灌水量与树种、土壤、气候、树体大小、生长情况有关。

耐旱树种灌水量要少些，如松类。不耐旱树种灌水量要多些，如水杉、马褂木等。灌水量以达土壤最大持水量 60% ～ 80% 为宜。大树灌水量以能渗透 80 ～ 100 厘米为宜。

3. 灌水方法与要求

（1）灌水的方法

灌水的方法有图 12-2 所示的几种。

人工浇水	地面灌水	地下灌水	空中灌水
移动灌水	畦灌、沟灌、漫灌	利用地下管道输水，水从孔眼渗出浸润周围土壤，也可安装滴灌	采用"喷灌"或人工降雨。由水泵、管道、喷头、水源四个部分组成

图 12-2　灌水的方法

（2）灌水的顺序

灌水的顺序如图 12-3 所示。

新栽植的树木　→　小苗　→　灌木　→　阔叶树　→　针叶树

图 12-3　灌水的顺序

（3）常用水源和引水方式

可使用河水、塘水、井水、自来水，也可利用生活污水或不含有害有毒物质的水。

引水方式包括担水、水车运水、胶管引水、渠道引水和自动化管道引水等。

（4）质量要求

灌水堰在树冠垂直投影线下，浇水要均匀，水量足，浇后封堰，夏季早晚浇水，冬季在中午前后浇水。

4. 灌水注意事项

（1）不论是自来水还是河道水或者是污水，都可以用作灌溉水，但必须对植物无毒害作用。灌溉前先松土；灌溉后待水分渗入土壤，土表层稍干时，进行松土保墒。

（2）夏季灌溉应该在早晚进行，冬季灌溉应该在中午左右进行。

（3）如果有条件，可以适当加薄肥一起灌溉，以提高树木的耐旱力。

三、排水

1. 排水的必要性

土壤中的水分与空气是互为消长的。排水的作用是减少土壤中多余的水分，增加土壤空气含量，促进土壤中空气与大气交换，提高土壤温度，激发好气性微生物活动，加快有机质分解，改善树木营养状况，使土壤的理化性状全面改善。

2. 排水的条件

有图 12-4 所示情况之一时，就需要进行排水。

情况一	树木生长在低洼地，当降雨强度较大时，汇集大量地表径流却不能及时排泄，而形成季节性涝湿地
情况二	土壤结构不良，渗水性差，特别是土壤下面有坚实的不透水层，阻止水分下渗，形成过高的假地下水位
情况三	园林绿地临近江河湖海，地下水位高，形成周期性的土壤过湿
情况四	平原与山地城市，在洪水季节有可能因排水不畅，形成大量积水
情况五	在一些盐碱地区，土壤下层含盐量高，不及时排水洗盐，盐分会随水上升到表层，造成土壤次生盐渍化，对树木生长很不利

图 12-4　需要排水的情况

3. 排水的方法

园林绿地的排水是一项专业性基础工程，在园林规划及土建施工时就应统筹安排，建立畅通的排水系统。园林树木的排水通常有表 12-2 所示的三种方法。

表 12-2　排水的方法

序号	方法	具体说明
1	地表径流	将地面整成一定的坡度，通常为 0.1% ～ 0.3%，保证雨水能从地表顺畅排走。这是绿地最常用的排水方法
2	明沟排水	在地表挖明沟，将低洼处的水引出。此方法可用于大雨后抢排积水或地势高低不平不易实施地表径流的绿地，沟的宽窄视水情而定，沟底坡度为 0.2% ～ 0.5%
3	暗沟排水	在地下埋设管道或砌筑暗沟，将低洼处的积水引出。此方法可保证地表整洁，但造价高

第二节　杂草防治

种植花草树木的地方都不应该滋生杂草。如有杂草，应该人工拔掉，或喷施除草剂。

一、松土除草

（1）夏季很有必要进行松土除草，此时杂草生长很快，同时土壤干燥、坚硬，浇水不易渗入土中。

（2）树盘附近的杂草，特别是蔓藤植物，严重影响树木生长，更要及时铲除。

（3）松土除草，应从 4 月开始，到 9 月、10 月结束。在生长旺季，可结合松土进行除草，一般 20 ～ 30 天一次。

（4）除草深度以 3 ～ 5 厘米为宜，可将除下的枯草覆盖在树干周围的土面上，以降低土壤辐射热，起到较好的保墒作用。

二、化学除草

1. 防除春草

春季主要灭除多年生禾本科宿根杂草，每亩可用 10% 草甘膦 0.5 ～ 1.5 千克加水 40 ～ 60 千克喷雾（用机动喷雾器时可适当增加用水量）。灭除马唐草等一年生杂草时，可用 25% 敌草隆 0.75 千克加水 40 ～ 50 千克，施于茎叶或土壤。

2. 防除夏草

每亩用 10% 草甘膦 500 克、50% 扑草净 500 克或 25% 敌草隆 500 ～ 750 克加水 40 ～ 50 千克，在杂草不高于 15 厘米时喷药或进行土壤处理。茅草较多的绿地，每亩可用 10% 草甘膦 1.5 千克加 40% 调节膦 0.25 千克，在茅草割除后新生草株 50 ～ 80 厘米高时喷洒。

3. 注意事项

喷洒除草剂要均匀，不要触及树木新展开的嫩叶和萌动的幼芽。除草剂用量不得随意增加或减少，除草后应加强肥水和土壤维护，以免引起树体早衰。使用新型除草剂时，应小面积试验后再扩大施用。

第三节　树木的整形修剪

修剪是指对乔灌木的某些部分，如芽、干、枝、叶、花、果、根等进行剪截、疏除或其他处理。整形是指为提高园林植物观赏价值，按其习性或人为意愿而修整成为各种优美的形状与树姿。修剪是手段，整形是目的，在土、肥、水管理的基础上进行科学的修剪整形，是提高园林绿化水平的一项重要技术手段。

一、整形修剪的时间

从总体上看，一年中的任何时候都可对树木进行修剪，但最佳时间的确定应满足图 12-5 所示的两个条件。

条件一：不影响园林植物的正常生长，不减少营养供给，避免伤口感染，如抹芽、除蘖宜早不宜迟；核桃、葡萄等应在春季伤流期前修剪完毕等

条件二：不影响开花结果，不破坏原有冠形，不降低观赏价值

图 12-5　最佳整形修剪时间的确定条件

二、修剪的分类

1.休眠期修剪（冬季修剪）

从落叶开始至春季萌发前，树木生长停滞，体内营养物质大都回归根部储藏，修剪后养分损失最少，且修剪的伤口不易被细菌感染腐烂，对树木生长影响较小，大部分树木的修剪工作都在此时间进行。

冬季修剪对树冠改善、枝梢生长、花果枝形成等有重要作用，一般采用截、疏、放等修剪方法。

剪后易形成伤流（剪除枝条后从剪口流出液汁，叫伤流）的，如葡萄，应在落叶后防寒前修剪；核桃、枫杨、元宝枫等，在落叶前修剪为宜。

2.生长期修剪

生长期花木枝叶茂盛，影响了树体内部通风和采光，因此需要进行修剪。一般采用抹芽、除蘖、摘心、环剥、扭梢、曲枝、疏剪等修剪方法。

三、修剪工具

不同的树木使用的修剪工具是不一样的，如表 12-3 所示。

表 12-3　不同树木的修剪工具

序号	类别	修剪工具
1	乔木	高枝剪、高枝锯、截枝剪、截锯、小枝剪、人字梯、手套、牵引绳索、斗车、警示牌、安全带、安全绳、安全帽、工作服、胶鞋等
2	灌木	绿篱机、绿篱剪、小枝剪、手套、扫把、垃圾铲、斗车、垃圾袋、警示牌等

四、修剪程序

应严格按照"一知、二看、三剪、四拿、五处理"的程序进行修剪，如图12-6所示。

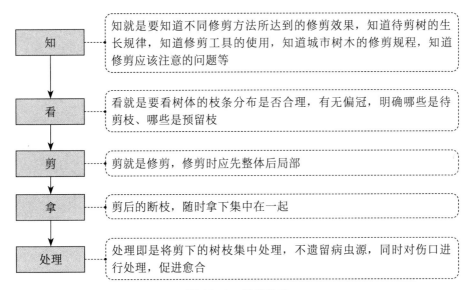

图 12-6　修剪程序

五、修剪的方法

归纳起来，修剪的基本方法有截、疏、伤、变、放五种，应根据修剪对象的实际情况灵活运用。

1. 截

截是将乔灌木新梢、一年生或多年生枝条的一部分剪去，以刺激剪口下的侧芽萌发，抽发新梢，增加枝条数量，多发叶多开花。它是乔灌木修剪整形最常用的方法。

图 12-7 所示的情况要用"截"的方法进行修剪。

情况一	规则式或特定式修剪整形时，常用短剪进行造型，保持冠形
情况二	为使花果植物多发枝增加花果量的
情况三	冠内枝条分布及结构不理想，要调整枝条的密度比例，改变枝条生长方向及夹角的
情况四	需重新形成树冠的
情况五	老树复壮的

图 12-7　用"截"的方法进行修剪的情况

2. 疏

疏又称疏剪或疏删，即把枝条从分枝点基部全部剪去。疏剪主要是疏去膛内过密枝，减少树冠内枝条的数量，调节枝条均匀分布，为树冠创造良好的通风透光条件；减少病虫害，增加同化作用产物，使枝叶生长健壮，促进花芽分化、开花和结果。

（1）疏剪的要求

为落叶乔木疏枝时，剪锯口应与生枝平齐，不留枯桩。为灌木疏枝时，要齐地皮截断。为常绿树疏除大枝时，要留 1～2 厘米的小桩子，不可齐着生长枝剪平。

（2）疏剪的对象

疏剪的对象主要是病虫枝、伤残枝、干枯枝、内膛过密枝、衰老下垂枝、重叠枝、并生枝、交叉枝及干扰树形的竞争枝、徒长枝、根蘖枝等。

（3）疏剪的强度

疏剪强度可分为轻疏（疏枝量占全树枝条的 10% 或以下）、中疏（疏枝量占全树的 10%～20%）、重疏（疏枝量占全树的 20% 以上）。疏剪强度依植物的种类、生长势和年龄而定，如图 12-8 所示。

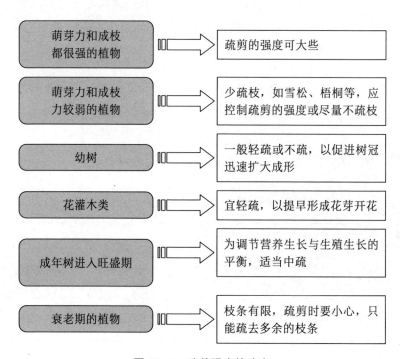

图 12-8　疏剪强度的确定

3. 伤

伤是用各种方法损伤枝条，以缓和树势、削弱受伤枝条的生长，如环剥、刻伤、扭梢、折梢等。伤主要在植物的生长季进行，对植株整体的生长不影响。伤的种类如表 12-4 所示。

表 12-4　伤的种类

序号	种类	具体说明
1	目伤	在芽或枝的上方或下方进行刻伤，伤口形状似眼睛，所以称为目伤。伤的深度达木质部。若在芽或枝的上方切刻，养分和水分受切口的阻隔而集中该芽或枝上，可使生长势加强；若在芽或枝的下方切刻，则生长势减弱，但由于有机营养物质的积累，有利于花芽分化
2	横伤	对树干或粗大主枝横砍数刀，深及木质部，可阻止有机养分下运，促进花芽分化，促进开花结实，达到丰产的目的
3	纵伤	在枝干上用刀纵切，深及木质部。主要目的是减少树皮的束缚力，有利于枝条的加粗生长。小枝可纵伤一条，粗枝可纵伤数条

4. 变

改变枝条生长方向，控制枝条生长势的方法称为变，如曲枝、拉枝、抬枝等。将直立或空间位置不理想的枝条，引向水平或其他方向，可以加大枝条的开张角度，使顶端优势转位、加强或削弱。

5. 放

放又称缓放、甩放或长放，即对一年生枝不剪，任其自然延伸生长。缓放对增加枝的生长点和全树的总生长量有好处。短、中、长枝缓放后不但萌芽力高，而且很容易形成短枝花芽。

（1）幼树、旺树，常采用长放缓和树势，促进其提早开花、结果。

（2）长放对于中庸树、平生枝、斜生枝效果更好，但幼树骨干枝的延长枝或背生枝、徒长枝不能长放。

（3）弱树也不宜长放。

六、修剪需注意的问题

1. 剪口与剪口芽

短截的剪口要平滑，斜面呈 45° 角；疏剪的剪口，将分支点剪去，与树干平齐，不留残桩。

从剪口芽的对侧下剪，使斜面上方与剪口芽尖相平，斜面最底部与芽基相平，这样剪口面小，容易愈合，芽萌发后生长快。

剪口芽的方向、质量决定新梢和枝条的生长方向。需要向外扩张树冠时，剪口芽应留在枝条外侧。如需填补内膛空虚，剪口芽方向应朝内。对于生长过快的枝条，为抑制其生长，以弱芽当剪口芽。复壮弱枝时，选择饱满的壮芽作为剪口芽。

2. 大枝的剪除

（1）将枯枝或无用的老枝、病虫枝等全部剪除时，为了尽量减小伤口，应自分枝点的上部斜向下部剪除，伤口不大，很易愈合。

（2）回缩多年生大枝时，往往会萌生徒长枝，为了防止徒长枝大量抽生，可先行疏枝和重短截。

（3）如果多年生枝较粗，必须用锯子锯除，可先从下方浅锯，再从上方锯下。

3. 剪口的保护

若剪枝或截干造成剪口创伤面较大，应先用锋利的刀削平伤口，然后用硫酸铜溶液消毒，最后涂上保护剂，以防止伤口因日晒雨淋、病菌入侵而腐烂。常用的剪口保护剂有表 12-5 所示的两种。

表 12-5　常用的剪口保护剂

序号	种类	操作说明
1	保护蜡	用松香、黄蜡、动物油按 5∶3∶1 熬制而成。熬制时先将动物油放入锅中用温火加热，然后再加松香和黄蜡，不断搅拌至全部溶化即可。由于保护蜡冷却后会凝固，涂抹前需要加热
2	豆油铜素剂	用豆油、硫酸铜、熟石灰按 1∶1∶1 制成。配制时先将硫酸铜、熟石灰研成粉末，然后将豆油倒入锅内煮至沸腾，再将硫酸铜与熟石灰加入油中搅拌，冷却后即可使用

4. 注意事项

上树修剪时，所有用具、机械必须灵活、牢固，以防发生事故。修剪行道树时，注意高压线路，并防止锯落的大枝砸伤行人与车辆。

（1）修剪工具必须锋利，修剪时不能造成树皮撕裂、折枝或断枝。

（2）修剪病枝的工具，需用硫酸铜消毒后才能修剪其他枝条，以防交叉感染。

（3）修剪下的枝条应及时收集，有的可作插穗、接穗用，病虫枝则需堆积烧毁。

5. 冬剪

白玉兰、西府海棠等树种，其萌芽力与成枝力都很弱，长枝少，平行枝多，并易生徒长枝，冬剪时一般不做疏除处理，而是用开角或拉枝等方法来改变树形，以达到早冠、多花、多果的目的。盲目剪除会严重削弱树势，造成冠部空虚，在短时间内很难恢复。

第四节　树木的施肥

植物健康生长需要不同数量和比例的养分，即使土壤富含有机物，但仍需补充肥料。

一、施肥的季节

（1）灌木和平卧植物应在初春施肥，喜酸植物应施酸化肥料。

（2）落叶树和常绿树应在秋末落叶后施肥。

二、肥料的要求

肥料品种繁多，如表 12-6 所示。

出现萎黄症状（新旧枝叶全部变黄）的乔木和灌木，可施含螯合铁和其他微量营养素的肥料。状况不好的植物应施根部生长激素。叶面施肥后最好将土壤浇湿，以防产生植物毒性。

表 12-6　肥料的种类

序号	分类依据	类别	说明
1	根据肥料提供的营养成分	无机肥料	分为大量元素肥料（N、P、K）、中量元素肥料（Ca、Mg、Na、S）和微量元素肥料（Fe、Mn、Zn、Cu、Mo、B、Cl）。大量元素肥料按养分含量，又分为单元肥料（仅含一种养分元素）和复合肥料（含两种或两种以上养分元素），前者有氮肥、磷肥和钾肥；后者有氮磷、氮钾和磷钾二元复合肥以及氮磷钾三元复合肥
		有机肥料	包括有机氮肥、合成有机氮肥等，我国习惯使用人畜禽粪尿、绿肥、厩肥、堆肥、沤肥和沼气肥等
		有机无机肥料	即半有机肥料，是有机肥料与无机肥料通过机械混合或化学反应而成的肥料
2	根据肥料的物理状态	固体肥料	固体肥料又分为粉状和粒状肥料
		流体肥料	流体肥料是常温常压下呈液体状态的肥料
3	根据肥料的化学性质	可分为化学酸性、化学碱性和化学中性肥料	
4	根据肥料被植物选择吸收后对土壤反应的影响	可分为生理中性、生理碱性和生理酸性肥料	
5	根据肥料中养分对植物的有效性	可分为速效、迟效和长效肥料	

三、肥料的施用方式

树木施肥可分为土壤施肥、根外施肥和灌溉施肥等方式。

1. 土壤施肥

土壤施肥是大树人工施肥的主要方式，适用于有机肥和多数无机肥（化肥）。土壤施肥应施入土表层以下，这样有利于根系吸收，也可以减少肥料损失。有些化肥是易挥发的，不埋入土中，损失很大。如碳酸氢铵，撒在地表面，土壤越干旱，其损失越大。将硫酸铵施入土表层以下 1 厘米、2 厘米、3 厘米，相比施于土层表面的损失分别减少 36%、52% 和 60%。土壤施肥，可采用表 12-7 所示的几种方法。

表 12-7　土壤施肥的方法

序号	施肥方法	具体说明
1	环状（轮状）施肥	在树冠外缘投影下挖环状沟，施肥量大时，沟可挖宽挖深一些。施肥后及时覆土。适合幼树，不适合太密植的树
2	放射沟（辐射状）施肥	由树冠下向外开沟，沟的条数为 4～8 条，宽与深由肥料多少而定。施肥后应覆土。这种施肥方法伤根小，能促进根系吸收，适合成年树，太密植的树不宜用。第二年施肥时，沟的位置应错开
3	全圃施肥	先把肥料铺撒开，然后用耧耙与土混合或翻入土中。生草条件下，把肥撒在草上即可。全圃施肥后配合灌溉，效率更高。这种方法施肥面积大，利于根系吸收，适合成年树、密植树
4	条沟施肥	苗圃树行间顺行开沟，可开多条，随开沟随施肥，并及时覆土。此法便于机械或畜力作业，但要求果园地面平坦，条沟作业方便

2. 根外施肥

包括枝干涂抹或喷施、枝干注射、叶面喷施，其中叶面喷施最常用。

（1）枝干涂抹或喷施

适合于给树木补充铁、锌等微量元素，可与冬季树干涂白一起进行。可在白灰浆中加入硫酸亚铁或硫酸锌，浓度可以比叶面喷施高些。树皮可以吸收营养元素，但效率不高；经雨淋，树干上的肥料逐渐向树皮内渗入一些或冲淋到树冠下土壤中，经根系再吸收一些。

（2）枝干注射

① 可用高压喷药机加上改装的注射器，先在树干上打钻孔，再由注射器向树干中强力注射。注射硫酸亚铁（1%～4%）和螯合铁（0.05%～0.10%）可防治缺铁症，加入硼酸、硫酸锌，也有效果。树木缺少微量元素，均与土壤条件有关，在土壤施肥效果不好的情况下，用树干注射效果更佳。

② 用木工钻在树体的基部钻孔数个，孔向朝下与树干呈 30° 夹角，深至髓心。孔径应和输液插头的直径相匹配。一般钻孔 1～4 个。输液孔的水平分布要均匀，纵向要错开。

（3）叶面喷施

叶面喷施的要求如图 12-9 所示。

要求一	叶片的两面都要喷到，特别是叶背，吸收能力更强，喷量要多，以雾滴布满为宜
要求二	叶面喷施在阴天或晴天的早晚进行较好，以免高温或暴晒影响喷施效果。喷施以多次连续为宜
要求三	雨前不能喷施，强光暴晒和大风天气亦不宜喷施
要求四	喷后要保持 1 小时左右的湿润，以使液肥被充分吸收
要求五	浓度要适合，浓度过大会引起叶面烧伤，甚至导致死亡。以较低浓度为好
要求六	一般 5～7 天喷施 1 次，连续 3～4 次后停施，以后再连续喷施

图 12-9 叶面喷施的要求

3. 灌溉施肥

灌溉施肥是通过灌溉系统进行树木施肥的一种方法。灌溉施肥应注意以下几个问题。

（1）喷头或滴灌头容易堵塞，必须施用可溶性肥料。

（2）两种以上的肥料混合施用时，必须防止相互间的化学反应，以免生成不溶性的化合物，如硝酸镁与磷、氨肥混用，会生成不溶性的磷酸铵镁。

（3）灌溉施肥用水以中性为宜，碱性强的水能与磷反应生成不溶性的磷酸钙，会降低多种金属元素的有效性，严重影响施肥效果。

四、追肥

在树木生长季节，根据需要施加速效肥以促使树木生长，称追肥（又称补肥）。

1. 追肥的方法

追肥的方法主要有以下两种。

（1）根施法：开沟或挖穴，施在地表以下 10 厘米处，并结合灌水。

（2）根外追肥：将速效肥溶解于水，喷洒在植物的茎叶上，使叶片吸收利用，可结合病虫害防治进行。

2.追肥的原则

追肥的原则具体可概括为"四多、四少、四不和三忌"。

（1）四多：黄瘦多施，发芽前多施，孕蕾期多施，花后多施。

（2）四少：肥壮少施，发芽后少施，开花期少施，雨季少施。

（3）四不：徒长不施，新栽不施，盛暑不施，休眠不施。

（4）三忌：忌浓肥，忌热肥（指高温季节），忌坐肥。

第五节　树木的病虫害防治

一、树体异常情况表现

1.整株树体异常表现

整株树体的异常表现，具体如表 12-8 所示。

表 12-8　整株树体的异常表现

序号	现象	原因	具体表现
1	正在生长的树体或树体的一部分突然死亡	束根	叶片形小、稀少或褪色、枯萎，整冠或一侧树枝从顶端向基部死亡
		雷击	树皮从树干上垂直剥落或完全分离（高树或在开阔地区生长的孤树）
2	健康的树体逐渐衰弱，叶片变黄、脱落，个别芽枯萎	根系生长不良	梢细短，叶形变小，植株渐萎，叶缘或脉间发黄，萌芽推迟
		根部线虫	叶片形小、无光泽、早期脱落，嫩枝枯萎，树势衰弱
		根腐病	吸收根大量死亡，根部有成串的黑绳状真菌，根部腐烂
		空气污染	叶片变色，生长减缓
		光线不足	叶片稀少，色泽轻淡
		干旱缺水	叶缘或脉间发黄，叶片变黄、枯萎（干燥气候下）
		施水过量，排水不良	全株叶片变黄、枯萎，根部发黑
		施肥过量	施肥后叶缘褪色（干燥条件下）
		土壤 pH 值不适	叶片黄化失绿，树势减弱
		冬季冻伤	常绿树叶片枯黄、嫩枝死亡、主干裂缝、树皮部分死亡

续表

序号	现象	原因	具体表现
3	主干或主枝上有树脂、树液或虫孔	昆虫钻孔	主干上有树液（树脂）从孔洞中流出，树冠褪色，枝干上有钻孔，孔边有锯屑，枝干从顶端向基部死亡
		枯萎病	嫩枝顶端向后弯曲，叶片呈火烧状
		腐朽病	主干、枝干或根部有蘑菇状异物，叶片多斑点、枯萎
		癌肿病	主干、嫩枝上有明显标记，通常呈凹陷、肿胀状，无光泽
		细胞癌肿病	主干或主枝上有白色树脂斑点，叶片变色并脱落（挪威枫和科罗拉多蓝杉）

2. 叶片异常表现

叶片异常表现，具体如表 12-9 所示。

表 12-9　叶片异常表现

序号	病因	具体表现
1	除草剂药害	叶片扭曲，叶缘粗糙，叶质变厚，纹理聚集，有清楚色带
2	蚜虫	叶片变黄、卷曲，叶面上有黏状物，植株下方有黑色黏状区域
3	叶螨虫	颜色不正常，伴随有黄色斑点或棕色带
4	啮齿类昆虫	叶片部分或整片缺失，叶片或枝干上可能有明显的蛛丝
5	卷叶昆虫	叶缘卷起，有蛛网状物
6	粉状霉菌	叶片发白或表面有白色粉末状生长物
7	铁锈病	叶表面呈现橘红色锈状斑，易被擦除，果实及嫩枝通常肿胀、变形
8	菌类叶斑	叶片有碎斑点，尺寸、形状和颜色各异
9	炭疽病	叶片有黑色斑点真菌体，边缘呈黑色，或中心脱落成孔、有瘢痕
10	白斑病	叶片有不规则死区
11	灰霉菌	叶片有茶灰色斑点，渐被生长物覆盖
12	黑霉菌	叶面斑点硬壳乌黑
13	花斑病毒	叶片呈现深绿色或浅绿色、黄色斑纹，形成不规则的镶花式图案
14	环点病毒	叶片上呈现黄绿色或红褐色的水印状环形物

二、病虫害防治

对于病虫危害的单株，应高度重视，果断采取措施，以免蔓延。修剪下来的病虫残枝，应集中处置，不要随意丢弃，以免造成传染。

1. 涂干法

（1）每年夏季，在树干距地面 40 ～ 50 厘米处，刮去一圈 8 ～ 10 厘米宽的老皮。将 40% 氧化乐果乳剂加配成 1:1 的药液，涂抹在刮皮处，然后用塑料膜包裹。对梨圆蚧的防治率可达 96%。

（2）在蚜虫发生初期，用 40% 氧化乐果（或乐果）乳油 7 份加 3 份水配成药液，在树干上涂 3 ～ 6 厘米宽的环。如树皮粗糙，可先将翘皮刮去再涂药。涂药后应用废纸或塑料膜包好。对苹果绵蚜的防治效果很好。

（3）在介壳虫虫体膨大但尚未硬化或产卵时，先在树干距地面 40 厘米处刮去一圈宽 10 厘米的老皮，露白为止。然后将 40% 氧化乐果乳剂稀释 2 ～ 6 倍，涂抹在刮皮处，随即用塑料膜包好。涂药 10 日后杀虫率可达 100%。

（4）二星叶蝉成虫、若虫发生期（8 月份），在主干分枝处以下，剥去翘皮，均匀涂抹 40% 氧化乐果原液或 5 ～ 10 倍稀释液，形成药环。药环宽度为树干直径的 1.5 ～ 2 倍，涂药量以不流药液为宜。涂药后用塑料膜包严，4 天后防治率可达 100%，药效有效期在 50 天以上。

（5）在成虫羽化初期，用甲胺磷 10 倍液或废机油、白涂剂等涂抹树干和大枝，可有效防止成虫蛀孔，并兼治桑白蚧。

请牢记：

　　在使用农药原液进行刮皮涂干时，一定要考虑树木对农药的敏感性，以免对树体产生药害。最好先进行试验，再大面积使用。用甲胺磷涂干防治梨二叉蚜时，原液涂干处理 30 天左右，会出现树叶边缘焦枯的轻微药害。

2. 树体注射（吊针）

（1）用木工钻与树干成 45° 夹角打孔，孔深 6 厘米左右，打孔部位离地面 10 ～ 20 厘米。

（2）用注药器插入树干，将药液慢慢注入树体内，让药液随树体内液流到树木的干、枝、叶部，使树木整体带药。

三、药害防治

1.药害的发生原因

药害的发生原因如表 12-10 所示。

表 12-10　药害的发生原因

序号	原因	具体说明
1	药剂选择不当	如波尔多液，含铜离子浓度较高，易对幼嫩组织产生药害
2	部分树种对药品敏感	有些树种性质特殊，即使正常施药，也易产生药害。如碧桃、寿桃、樱花等，对敌敌畏敏感，桃、梅类对乐果敏感，桃、李类对波尔多液敏感等
3	在树体敏感期用药	树木在开花期对农药最敏感，用药需慎重
4	温度过高	温度过高时，树体吸收药剂较快，药剂随水分蒸腾很快集中在叶尖、叶缘，导致局部浓度过大而产生药害
5	浓度过高、用量过大	随意加大用药浓度、剂量，易产生药害

2.药害的防治措施

为防止园林树木出现药害，可采用图 12-10 所示的防治措施。

措施一　根据用药方式（如根施或叶喷）的不同，分别采用清水冲根或叶面淋洗的办法，去除残留药剂，减轻药害

措施二　加强肥水管理，使树木尽快恢复健康，消除或减轻药害造成的影响

图 12-10　药害的防治措施

第六节　树体的保护和修补

一、树体的保护和修补原则

遵循防重于治的原则，预防各种灾害的发生，对形成的伤口尽早治疗，以防扩大。

二、树干伤口的治疗

对病、虫、冻、日灼或修剪造成的树干伤口，要用利刀刮干净削平，然后用硫酸铜或石硫合剂等药剂消毒，并涂上保护剂铅油、接蜡等。

对风折枝干，应及时用绳索捆缚加固，然后消毒、涂保护剂，再用铁丝加固。

三、补树洞

伤口浸染腐烂造成的孔洞、心腐，会缩短树木寿命，应及时进行修补。

（1）开放法：孔洞不深也不大的，可清理伤口，涂保护剂，改变洞形，以便于排水。

（2）封闭法：树洞清理消毒后，以油灰（生石灰 1 份加熟桐油 0.35 份）或水泥封闭，外层加颜料做成假树皮。

（3）填充法：树洞较大的，可用水砂浆、石砾混合进行填充，洞口要留排水面，并做树皮。

四、吊枝和顶枝

大树、老树树身倾斜不稳、大枝下垂时，应设立支柱支撑，连接处加软垫，以免损伤树皮。吊枝多用于果树的瘦弱枝。

五、涂白

1. 涂白的目的

涂白的目的是防治病虫害，延迟树木萌芽，避免日灼危害。在日照、昼夜温差较大的地区，涂白可以减少树木地上部分对太阳辐射热的吸收，从而延迟芽的萌动。涂白会反射阳光，避免枝干温度局部增高，因而可有效预防日灼危害。此外，树干刷白，还可防治部分病虫害，如紫薇等的介壳虫、柳树的钻心虫、桃树的流胶病等。

2. 涂白的配方

涂白剂的常用配方是，水 10 份，生石灰 3 份，石硫合剂原液 0.5 份，食盐 0.5 份，油脂（动植物油均可）少许。配制时要先化开石灰，把油脂倒入后充分搅拌，再加水拌成石灰乳，最后放入石硫合剂及盐水。此外，为延长涂白期限，还可在混合液中添加黏着剂（如装饰建筑外墙所用的 801 胶水）。

3. 涂白的高度

一般从植株的根颈部向上一直刷至 1.1 米处。

六、支撑

支撑是确保新植树木特别是大规格苗木成活和正常生长的重要措施，具体要求如下。

（1）选用坚固的木棍或竹竿（长度依树木的高矮而定，要统一、实用、美观），三根支柱中要有两根冲着西北方向，斜立于下风方向。

（2）支柱埋入地下 30 厘米深。

（3）支柱与树干用草绳或麻绳隔开，可先在树干或支柱上绕几圈，再捆紧实。同时注意支柱与树干不能直接接触，否则会硌伤树皮。

（4）高大乔木应立于树高 1/3 处，一般树木应立于 1/2 ～ 2/3 处，使其真正起到支撑作用。

 请牢记：

　　浇水后或大风过后，要及时派人扶直被风吹斜的树木，并重新设立支撑，防止二次倒伏。

七、调整补缺

园林树木栽植后，因树木质量、栽植技术、养护措施及环境因素的影响，难免会发生死树缺株等现象，对此应适时进行补植。

补植的树木在规格和形态上应与已成活树木相协调，以免影响美观。对已经死亡的植株，应认真调查分析，查明原因（如土壤质地、树木习性、种植深浅、地下水位高低、病虫害、有害气体、人为损伤或其他原因），以便采取有针对性的措施。

第七节　树木冬季防冻害

冻害是指树木因低温伤害而使细胞组织受伤，甚至死亡的现象。

一、树木的抗冻性

树木的抗冻性受诸多因素影响，如表 12-11 所示。

表 12-11　影响树木抗冻性的因素

序号	影响因素	具体说明
1	树种、品种的关系	不同树种的抗冻力不一样，樟子松比油松抗冻，油松比马尾松抗冻，北方型树种比南方型树种抗冻
2	树木组织器官	同一树种的不同器官、同一枝条的不同组织对低温的忍耐力不同，叶芽、形成层耐寒力最强，新梢、根颈、花芽抗寒力弱
3	枝条成熟度	成熟度越高，耐寒性也越高，没有完全木质化的枝条易受冻害
4	枝条休眠程度	植株休眠越深，抗寒力愈强，反之越弱。萌芽早的树种易受倒春寒的危害
5	温度变化	逐渐降温，树体经过抗寒锻炼，抗冻性增强；而突然降温，树体未经过抗寒锻炼，易发生冻害
6	其他因素	（1）地势、坡向、气候差异，南坡冻害比北坡大 （2）近水源比远水源的冻害轻 （3）实生苗比嫁接苗耐寒，结果多比结果少的树易发生冻害。施肥不足的树木抗寒差，有病虫害的树木易受冻害

二、冻害的表现

冻害的表现如表 12-12 所示。

表 12-12　冻害的表现

序号	部位	冻害的表现
1	芽	冻害多发生在春季回暖时期，因倒春寒而受冻害，树木受冻后内部变褐色，外表松散，不能萌发，干枯死亡
2	枝条	休眠期的树木，形成层最抗寒，皮层次之，而木质部、髓部最不抗寒。随受冻程度加重，髓部、木质部先后变色，严重冻害时韧皮部受伤。如果形成层变色，则枝条失去了恢复能力

续表

序号	部位	冻害的表现
3	枝杈和基角	枝条的分杈处和主枝基角休眠较晚，昼夜温差变化较大时易引起冻害。主枝与树干的基角越小，枝杈基角冻害也越严重。受冻后皮层和形成层变褐色，干缩凹陷，有的树皮呈块状冻裂，有的顺主干冻裂或劈裂
4	主干	主干受冻后有的形成纵裂，树皮成块状脱离木质部或沿裂缝方向卷折。当气温突然降到零度以下，树皮会迅速收缩，致使主干组织内外张力不均，自外向内开裂，常发生在夜间。随着气温变暖，冻裂处可逐渐愈合
5	根颈和根系	（1）根颈进入休眠最晚，春季活动最早，如果温度骤然下降，根颈未能很好地经过抗寒锻炼，易引起冻害。根颈受冻后，树皮先变色，然后干枯，可发生在局部，也可形成环状，对植株危害很大 （2）根系无休眠期，较其他部分耐寒力差，但越冬期间根系活动明显减弱，故耐寒力较生长期略强。根系受冻后变褐色，皮部与木质部分离。一般情况下，粗根较细根耐寒力强，新栽树或幼树根浅易受冻害，大树抗寒性强

三、冻害的防治

树木冬季防寒防冻主要采取灌冻水、树枝除雪、卷干包草、树干刷白等措施。

（1）灌冻水

在冬季土壤易冻结的地区，于土地封冻前，灌足一次水，然后在树木基部培成土堆。这样既供应了树本身所需的水分，也提高了树木的抗寒力。

（2）树枝除雪

在下大雪之后，把树枝上的积雪及时打掉，以免雪压过久，使树枝弯垂，难以恢复原状，甚至断裂或劈裂。尤其是枝叶茂密的常绿树，更应及时组织人员除雪，以防压折树枝。对已结冰的树枝，不能敲打，可保持原状；如结冰过重，可用竹竿支撑，待化冻后再拆除。

（3）卷干包草

对于不耐寒的树木（尤其是新栽树以及一些从南方沿海地区引入的热带植物如海枣、蒲葵等），可用草绳卷干或用稻草包裹主干，并用绳子将枝条收紧防寒。特别是当年刚种植的海枣、蒲葵等，应将收紧的树冠用塑料薄膜包裹。此法防寒，应在春节过后将草绳或稻草拆除，不宜拖延。

（4）树干刷白

具体见前一节内容。

学习笔记

通过学习本章内容，想必您已经有了不少学习心得，请详细记录下来，以便后续巩固学习。如果您在学习中遇到了一些难点，也请如实记下来，以便今后进一步学习，彻底解决这些问题。

我的学习心得：

1. _____

2. _____

3. _____

4. _____

5. _____

我的学习难点：

1. _____

2. _____

3. _____

4. _____

5. _____

第十三章　花卉养护与管理

>>>> 培训指引

　　通过科学的养护与管理，如合理浇水、施肥、修剪等，可以确保花卉健康生长，提升园林美观性。因此，物业服务企业应该高度重视花卉的养护与管理工作，为业主创建美丽、宜居的生活环境。

第一节　露地花卉的养护管理

一、灌溉

1. 灌溉的水质

　　浇花的水质以软水为好，一般首选河水、雨水，其次为池水及湖水。不宜用泉水。不宜直接从水龙头上接水浇花，应在浇花前将水存放几个小时或在太阳下晒一段时间。不宜用污水浇花。

2. 浇水时间

　　浇水时间如图 13-1 所示。

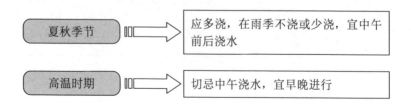

| 夏秋季节 | ⇒ | 应多浇，在雨季不浇或少浇，宜中午前后浇水 |
| 高温时期 | ⇒ | 切忌中午浇水，宜早晚进行 |

图 13-1 浇水时间

3. 浇水方式

应按照"初宜细、中宜大、终宜畅"的原则浇水。浇水不宜直接浇在根部，要浇到根区的四周，以引导根系向外伸展。灌溉的形式主要有畦灌、沟灌、滴灌、喷灌、渗灌五种。

二、施肥

1. 基肥

在育苗和移栽之前将肥料施入土壤中，主要有厩肥、堆肥、饼肥、骨粉、过磷酸钙以及复混肥等。施入肥料后应用土覆盖。也可以将肥料先拌入土中，然后再种植花卉。

 请牢记：

用有机肥作基肥时，要注意腐熟充分，以免烧坏幼苗。用无机肥做基肥时，要注意氮、磷、钾配合使用，且入土不要过深。

2. 追肥

花卉追肥多用腐熟良好的有机肥或速效性化肥。追肥方法如表 13-1 所示。

表 13-1 花卉的追肥方法

序号	方法	具体操作	备注
1	埋施	在花卉的株间、行间开沟挖坑，施入化肥后填土	（1）浪费少，但劳动量大 （2）沟坑要离花卉茎基部 10 厘米以上，以免损伤根系
2	沟施	在植株旁开沟施肥，然后覆土	
3	穴施	在植株旁挖穴施肥，然后覆土	

序号	方法	具体操作	备注
4	撒施	在下雨后或结合浇水，将化肥撒在花卉株行间	只宜在操作不方便、花卉急需施肥的情况下使用
5	冲施	把定量化肥撒在水沟内溶化，随水到达花卉根系周围的土壤	（1）肥料在渠道内容易渗漏流失，还会渗到根系达不到的深层，造成浪费 （2）方法简便，在肥源充足、作物栽培面积大、劳动力不足时可以采用
6	滴灌	在水源进入滴灌主管的部位安装施肥器，在施肥器内将肥料溶解，将滴灌主管插入施肥器的吸入管过滤嘴，肥料即可随浇水自动进入作物根系周围的土壤中	（1）覆盖地膜，肥料几乎不会挥发，又省工又省力，效果很好 （2）要有地膜覆盖，还要有配套的滴灌和自来水设备
7	插管渗施	（1）将氮、磷、钾合理混配（一般按 8 ：12 ：5 的比例）后装入插管内，并封盖 （2）将塑料管插入距花卉根部5 ~ 10 厘米的土壤中，塑料管顶部露出土壤 3 ~ 5 厘米	操作简便，肥料利用率高，能有效地降低成本

三、中耕除草

（1）中耕不宜在土壤太湿时进行。

（2）中耕的工具有小花锄和小竹片等，小花锄用于成片花坛的中耕，小竹片用于盆栽花卉的中耕。

（3）中耕的深度以不伤根为原则，根系深，中耕深；根系浅，中耕浅；近根处宜浅，远根处宜深；草本花卉中耕浅，木本花卉中耕深。

四、整形修剪

1. 整形

露地花卉一般以自然形态为主，有特殊需求时才进行整形。主要的整形形式有单干式、多干式、丛生式、垂枝式、攀援式，具体如表 13-2 所示。

表 13-2　露地花卉的整形形式

序号	形式	具体说明
1	单干式	整株花卉只留一个主杆，只在顶端开一朵大花。从幼苗开始，将所有侧蕾和侧枝全部剪掉，使养分集中。主杆顶端分出若干侧枝，形成伞状
2	多干式	在苗期摘心，使基部形成数条主枝，摘除不要的侧枝。一般主枝只留 3 ~ 7 条，如菊花
3	丛生式	适合灌木类或竹类，疏密相称、高低相宜，更富诗情画意，如南天竹、美人蕉、佛肚等
4	垂枝式或攀援式	多用于蔓生或藤本花卉，需要搭架使之下垂或攀升，同时也要适当整枝，方法同上，如悬崖菊、牵牛花等

2. 修剪

修剪主要是摘心、除芽、去蕾，具体如表 13-3 所示。

表 13-3　花卉的修剪

序号	类别	操作方式	作用	常见花卉
1	修枝	剪除枯枝、病枝、残枝和过密细弱的枝条	促进通风、透光，节省养分，改善株型	
2	摘叶	摘去部分老叶、下脚叶和部分生长过密的叶	防止叶片过于茂密，影响开花结果	
3	摘心	除去枝梢的顶芽	促使侧芽萌发，枝条增多，形成丛生状，开花繁多	百日草、一串红、翠菊、万寿菊、波斯菊等
4	除芽	除去过多的侧芽或脚芽	使所保留的花朵或枝条养分充足，花大色美	菊花、大丽花等
5	去蕾	除去侧蕾，保留顶蕾	顶蕾营养充足，发育良好，花大而形美	
6	短截	剪除枝条的一部分，使之变短	促使侧枝萌发，并向预定空间抽生	

第二节　盆栽花卉的日常养护

一、浇水

1. 水质要求

盆花最好用软水浇灌，如雨水、河水、湖水、塘水等。

2. 水的温度

浇水温度与当时的气温相差不能太大。如果突然浇灌温差较大的水，花卉根系及土壤的温度突然下降或升高，会使根系正常的生理活动受到阻碍，减弱水分吸收，发生生理干旱。因此，夏季忌在中午浇水；冬季自来水的温度常低于室温，使用时加些温水，有利于花卉生长。

3. 浇水"五看"

浇水"五看"，具体如表 13-4 所示。

表 13-4　浇水"五看"

序号	类别	具体内容
1	看季节	（1）春季，初春每隔 2～3 天浇水 1 次，以后为 1～2 天浇 1 次 （2）夏季，晴天每天至少浇水 1 次；入伏后，晴天早晚都应浇水 1 次，盆土发白变干时及时补水 （3）秋季，盆栽花木进入缓慢生长时期，一般 2～3 天浇水 1 次 （4）冬季，大多数盆栽花卉转入室内越冬，温室内的花卉一般 1～2 周浇水 1 次，不可浇水太多太勤
2	看天气	干旱多风天气多浇，阴雨天气缓浇、少浇或停浇
3	看种类、品种	（1）一般草本喜湿花卉应多浇，木本喜旱花卉应少浇：仙人掌类、石莲花、虎刺梅等多浆植物宁干勿湿，球根、球茎类花卉不宜久湿、过湿；牡丹等肉质根喜燥宜少浇，水生类花卉如荷花、睡莲、石菖蒲等，必须在水中生长；冠径大的阔叶、多叶类花卉宜多浇，冠径小的窄叶、小叶类花卉宜少浇 （2）蜡梅、梅花、绣球、大丽花、天竺葵等喜干怕涝的盆花，要按"干透浇透"的原则浇水。当盆土表面全干时，才能浇水。浇透就是不要浇"半截水"，要使盆土上下全部浇灌湿透。浇不透则根的尖端吸不到水分，影响生长。但浇透不等于浇漏，经常浇漏，肥分流失过多，也影响生长

续表

序号	类别	具体内容
3	看种类、品种	（3）杜鹃花、山茶花、月季、栀子花、米兰、南天竹、八仙花、万年青等喜湿润而又不耐大水的花卉，要按"见干见湿"的原则浇水。见盆土发白时就浇水，浇到湿润即可。不要等盆土干透了才浇，也不能浇大水。要做到盆土有干有湿，既不可长期干旱，也不可经常湿透，要干湿相间 （4）蜈蚣草、马蹄莲、龟背竹、旱伞草等喜大水盆花，要按"宁湿勿干"的原则浇水。盆土要经常保持潮湿，不能脱水。松科和多浆多肉类花卉，为喜干耐旱的花木，要按"宁干勿湿"的原则浇水。要干透了才浇水，绝不能溃水
4	看生长阶段	（1）生长旺盛阶段宜多浇 （2）生长缓慢阶段宜少浇 （3）种子和果实成熟阶段，盆土宜偏干 （4）休眠阶段应减少浇水次数和浇水量
5	看盆	（1）小花盆浇水次数宜多、一次浇水量宜少，大花盆浇水量应比小花盆稍多 （2）泥瓦花盆浇水次数需多一些，陶瓷花盆浇水勿太多太勤。泥瓦盆孔隙多，浇水次数和浇水量应适量增加 （3）沙性土应多浇水；黏性土既要防涝也要防旱，及时中耕松土，适当减少浇水次数 （4）盆土颜色发白、重量变轻、手感坚硬时多浇，呈暗灰色或深褐色、重量沉实、手感松软、土壤潮湿时可暂不浇水 （5）新入盆的花卉在土壤水分不足时，不宜直接大量浇水，应先用培养土把盆壁四周的裂缝堵塞，再缓缓注入少量水分，待盆土湿润后，再按常规方法浇水

4. 浇水适量

一般盆栽花卉浇水要"见湿见干"，木本花卉和仙人掌类要"干透湿透"。浇水量的确定要点如下。

（1）夏季多数植物生长旺盛，蒸发量大，应多浇水；夏季室内花卉2～3天浇水一次，在室外则每天浇一次水。

（2）秋冬季节，对那些处于休眠、半休眠状态的花卉应控制浇水，使盆土保持偏干为宜。

（3）不同品种花卉的浇水量有所不同，一般草本花卉比木本花卉需水量大，浇水宜多。

（4）南方花卉比原产干旱地区的花卉需水量大。

（5）叶片大、质地柔软、光滑无毛的花卉蒸发量多，需水量大。

（6）叶片小、革质的花卉需水量较少。

5. 浇水方式

多数花卉喜欢喷浇，喷水能降低温度，增加环境湿度，减少植物水分蒸发，冲洗叶面灰尘，提高光合作用。经常喷浇的花卉，枝叶洁净，具有很高的观赏性。但盛开的花朵及茸毛较多的花卉不宜喷水。

二、施肥

1. 施好基肥

花卉在播种、上盆或换盆时，可将基肥施入盆底或盆下部周围，以腐熟后的饼肥、畜禽粪、骨粉等有机肥为主。施入量视盆土多少，花株大小而定，一般每5千克盆土施 300 ~ 400 克有机肥。

2. 适时适量追肥

在花卉植株生长旺盛期，根据其发育状况（包括叶色及厚度、茎的粗壮程度、花色鲜艳程度等），可将速效肥料直接施入盆内外缘，深度为 5 厘米左右，施入量因盆土多少而定。追肥在花卉生长季节随时进行。当植株进入休眠期时，停止施肥。每周施 1 ~ 2 次，立秋后每半月施一次。

3. 必要时叶面喷肥

一般情况下，草本花卉的喷施浓度为 0.1% ~ 0.3%，木本花卉为 0.5% ~ 0.8%，喷施应在早晨太阳出来前或傍晚日落后。每 7 天喷一次，连续 3 次后，停喷一次（约半个月），以后再连续喷施。

4. 施肥原则

（1）生长期多施氮肥、钾肥，花芽形成期多施磷肥；现蕾时施，裂蕾时不施；花前花后施，盛花期不施。

（2）早晚可施，中午不施；施肥前一天要松土，施肥后的翌日清晨要浇水。

（3）开春后施，秋分后不施；雨前、晴天可施，雨后不施；气候干旱时施，梅雨季节不施。

（4）盆土干时施，盆土湿时不施；气候适宜、生长旺盛时多施，气候炎热或低温季节、生长停滞时不施。

（5）新栽、徒长、休眠时不施。

（6）宁淡勿浓要少施；薄肥勤施，浓肥勿施；不腐熟勿施；不单施氮肥，花卉施肥，应将氮、磷、钾配合使用，最好以饼肥、厩肥、堆肥、鸡鸭鸽粪、骨粉、树叶、草木灰等农家肥为主。

（7）喜肥的菊花、茉莉，由淡到浓可多施；耐瘠薄的松柏类要少施。

（8）壮苗可多施，弱苗要少施；根部患病，暂停施肥。

三、整形修剪

盆栽花卉的整形与修剪要求，同露天花卉一致。

第三节　花卉的病虫害防治

花卉常见的病虫害有白粉病、锈病、黑斑病、缩叶病、黄化病等，以及天牛、蚜虫、介壳虫、金龟子等虫害。

一、花卉常见病害的防治

1. 白粉病

常见于凤仙花、瓜叶菊、大丽菊、月季、垂丝海棠等花卉，主要发生在叶上，有时也危及嫩茎、花及果实。

（1）病情表现

① 初发病时，先是叶上出现多个褐色病斑，但周围没有明显边缘，后是小斑合成大斑。

② 随着病情发展，病斑上布满白粉，叶片萎缩，花受害的不能正常开花，果实受害的则停止发育。

③ 此病发生在初春，延及夏季，直到秋季。

（2）防治方法

① 初发病时及早摘除病叶，防止蔓延。

② 发病严重时，可喷洒 0.2 ～ 0.3 波美度石硫合剂或 1000 倍 70% 甲基托布津液。

2. 锈病

以贴梗海棠等蔷薇科植物居多，包括玫瑰、垂丝海棠等。另外，芍药、石竹也易患此病。

（1）病情表现

发病在早春，初期嫩叶上呈斑点状失绿，后密生小黑点，并自反面抽出灰白色羊毛状物，至 8 ～ 9 月间，产生黄褐色粉末状物，严重时会引起落叶。

（2）防治方法

尽量避免在附近种植松柏等转主寄生植物；早春，约在 3 月中旬，开始喷洒 400 倍 20% 萎锈灵乳剂液或 50% 退菌特可湿性粉剂，约半个月后再喷一次，直到 4 月初为止。若春季少雨或干旱，可少喷一次。

3. 缩叶病

主要发生在梅、桃等蔷薇科植物的叶片上。

（1）病情表现

早春初展叶时，受害叶片畸形肿胀，颜色发红。随着叶片长大，向反面蜷缩，病斑渐变成白色，且有粉状物出现。由于叶片受害，嫩梢不能正常生长，甚至枯死。叶片受害严重则掉落，使花量减少。

（2）防治方法

及时摘除初期显现病症的病叶，以减少病原传播；早春发芽前，喷洒 3 ～ 5 波美度石硫合剂，以消除在芽鳞内外及病梢上越冬的病原。倘若能连续两至三年这样做，就可以比较彻底地根治此病。

二、花卉常见虫害的防治

1. 蚜虫

蚜虫是危害花卉最常见的一类害虫。它取食花卉的嫩茎、嫩叶和花蕾，而且多在叶片的反面。易受蚜虫危害的花卉有桃、月季、榆叶梅、梅花等。

（1）病情表现

① 蚜虫多聚集在叶片反面，以吸食叶液为生。

② 随着早春气温上升，受害叶片不能正常展叶，新梢无法生长，严重时会造成叶片脱落，影响开花。

③ 夏季高温时，有些蚜虫迁飞至其他植物如蔬菜上，直至初冬再飞回花卉上产卵越冬。

（2）防治方法

① 发芽后展叶前，可喷洒 1000 倍 40% 乐果乳剂，以杀死初期卵化的幼蚜。

② 也可先不喷药，保护瓢虫等天敌，让其消灭蚜虫。在种群消长失衡，天敌无法控制蚜虫时，再考虑用药。

2. 介壳虫

介壳虫种类非常多，危害花木也最严重。例如，龟甲蚧，白色脂质，圆形。桑白蚧，白色，尖形。牡蛎蚧，深褐色，雄虫长形，雌虫圆形。盔甲蚧，深褐色，圆形，形似盔甲。

易受介壳虫危害的植物有山茶、石榴、夹竹桃、杜鹃、木槿、樱花、梅、桃、海棠、月季等。

（1）病情表现

幼虫先在叶片上吸食汁液，使叶片失绿。至成虫时，多在枝干上吸食汁液，衰弱树势，从而影响开花。

（2）防治方法

用手捏死或用小刀刮除叶片和枝干上的害虫，或在幼虫期喷洒 1000 倍 40% 乐果乳剂 1 ～ 2 次，喷洒间隔为 7 ～ 10 天。

3. 红蜘蛛

虫体小，几乎肉眼难以分辨，多聚生，且繁殖速度极快。易受红蜘蛛危害的植物很多，如月季、玫瑰、花桃、樱花、杜鹃等。

（1）病情表现

① 聚生于叶片背面吸食汁液，开始使叶片失绿，最终造成叶片脱落、新梢枯死。

② 严重时，小树生长衰弱，甚至死亡。

（2）防治方法

① 于初发期喷洒 1000 倍 40% 乐果乳剂或 1000 ～ 1500 倍 40% 三氯杀螨乳剂。

② 夏季高温时，该虫繁殖快，往往防治不及时，要早喷洒农药，且要连续喷洒 3 ～ 4 次，间隔 7 天左右。注意不要总使用一种农药，以免产生抗药性。

4. 线虫

线虫危害植物根部，引起植物发育不正常。受害植物有兰花、康乃馨、水仙、牡丹等。

（1）病情表现

① 虫害较轻时，往往不易察觉。

② 虫害严重时，植物生长不良，开花不旺。

③ 由于土壤中线虫种类繁多，虫体幼小，肉眼几乎看不到。

（2）防治方法

每千克土壤中加 20 ～ 30 粒 3% 呋喃颗粒剂，通过土壤溶解，缓缓释放，消灭线虫。

5. 毛虫类

毛虫类有天幕毛虫、舟形毛虫等，食性很杂，几乎危害所有植物，呈暴发性，常见于桃、梅、樱花等。

（1）病情表现

幼虫在枝干中蛀食，严重的可蛀断 2 ～ 3 年生大枝，影响树姿。

（2）防治方法

① 平时注意观察，当枝干上有蛀孔且自蛀孔排泄小颗粒状粪便时，可用铁线自蛀孔将其挖除，或将枝剪断，杀死害虫。

② 采用 150 倍 80% 敌敌畏乳剂，用注射器由虫道排粪口注入，然后以湿泥将虫道堵住，杀死害虫。

6. 地下害虫

包括蛴螬（即金龟子幼虫，白色）和地老虎（绿黑色），在土壤里以取食植物根或根颈部为生，常致植物死亡。防治方法是及时从入土洞口将其挖除。

学习笔记

　　通过学习本章内容，想必您已经有了不少学习心得，请详细记录下来，以便后续巩固学习。如果您在学习中遇到了一些难点，也请如实记下来，以便今后进一步学习，彻底解决这些问题。

我的学习心得：

1. _____
   _____
2. _____
   _____
3. _____
   _____
4. _____
   _____
5. _____
   _____

我的学习难点：

1. _____
   _____
2. _____
   _____
3. _____
   _____
4. _____
   _____
5. _____
   _____

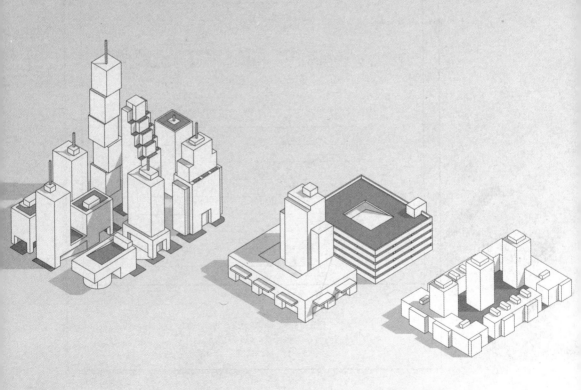